Von der PDA bis zu DSDS, von der Kita- bis zur Studienwahl: Erziehung ist ein moralisches und pädagogisches Minenfeld. Und nie waren junge Eltern so verunsichert wie heute – in Zeiten zweisprachiger Kitas und dem selbst auferlegten Leistungsdruck von Supereltern und Vorzeigekindern. Die *ZEITmagazin*-Redakteure Matthias Kalle und Tanja Stelzer haben ihren kindererprobten Autorenkollegen deshalb 150 Fragen gestellt: über Papas Kippen auf dem Spielplatz, Babys auf Partys, Nintendos im Kinderzimmer, übers Schwindeln, Fluchen und Gehorchen im Familienalltag. Die Antworten sind so verschieden wie ihre Verfasser: mal flapsig, mal ernst, immer klug und mitunter von bewegender Ehrlichkeit. So ist der *Elternknigge* keine dogmatische Benimmfibel, sondern ein buntes, unterhaltsames Kaleidoskop moderner elterlicher Erfahrungen und ein vielstimmiges Plädoyer wider den Zwang zur Perfektion.

Matthias Kalle, Jahrgang 1975, ist Berater des *ZEITmagazins*. Vor kurzem erschien sein Buch *Erstmal für immer – wie wir die Liebe neu erfinden*. Er ist verheiratet und hat eine Tochter.

Tanja Stelzer, geboren 1970, ist stellvertretende Chefredakteurin des *ZEITmagazins*. 2005 erschien ihr Buch *Unsere kleine Familie*. Sie lebt mit ihrem Mann, ihrem Sohn und ihrer Tochter in Hamburg.

Matthias Kalle & Tanja Stelzer (Hg.)

DER ELTERNKNIGGE

Darf Papa auf dem Spielplatz rauchen?

Ein etwas anderer Erziehungsratgeber

bloomsbury taschenbuch

Folgende Fragen und Antworten aus diesem Buch sind in identischer oder leicht veränderter Form bereits im *ZEIT-magazin* erschienen: Nr. 1, 2, 8, 9, 18, 19, 20, 25, 26, 28, 29, 35, 39, 40, 45, 49, 50, 53, 60, 61, 62, 67, 68, 72, 73, 74, 75, 76, 77, 86, 88, 89, 95, 96, 99, 102, 109, 111, 112, 114, 115, 116, 117, 118, 119, 122, 123, 124, 125, 126, 127, 128, 131, 136, 137.

November 2011
© 2010, 2011 Bloomsbury Verlag GmbH, Berlin
Umschlaggestaltung: Rothfos & Gabler, Hamburg,
unter Verwendung © Christian Grund/13photo.ch
Druck und Bindung: Clays Ltd, St Ives plc
Printed in Great Britain
ISBN 978-3-8333-0749-2

www.bloomsbury-verlag.de

BLOOMSBURY
LONDON · BERLIN · NEW YORK · SYDNEY

Inhalt

Eltern, Großeltern & Geschwister

Rechte, Pflichten & Respekt

Körper, Geist & Seele

Konsum, Stil & Haltung

Religion & Politik

Spiel, Sport & Medien

Schule & Bildung

Sex, Drugs & Rock 'n' Roll

Am Ende 176

Die Autoren

Register

Am Anfang

I.

Dieses Buch beginnt mit drei Warnungen.

Erstens: Im Grunde wissen wir auch nicht mehr als Sie. Wenn Sie also glauben, Sie hätten ein Buch in der Hand, mit dem Sie Ihrem Leben als Mutter, Ihrem Leben als Vater neuen Glanz verleihen könnten, dann müssen wir Sie enttäuschen. So ein Buch ist das nicht. So ein Buch gibt es nicht. Und auch wenn Sie glauben, wir wären Experten in Sachen Kindererziehung, sind Sie hier falsch. Wir sind keine Experten, wir haben bloß so unsere Erfahrungen (und eine davon ist: Es hilft, wenn man seine Erfahrungen mit anderen Eltern teilt). Das heißt: Wir, die Herausgeber und die Autoren dieses Buchs, haben schon ein paar Fehler gemacht und glauben deshalb, dass wir in manchen Fragen eine leise Ahnung davon haben, wie's besser geht.

Zweitens: Wenn Sie an Ihr Auto aus voller Überzeugung einen Aufkleber mit der Aufschrift »Taxi Mama – kostenlose Beförderung Tag und Nacht« gepappt haben, sind Sie ebenfalls falsch hier. Wir finden nämlich, dass Eltern nicht das Dienstpersonal ihrer Kinder sind. Genauso falsch sind Sie, wenn Sie eine chinesische Nanny eingestellt haben, damit die mit Ihrem Dreijährigen im Mandarin-Sprachbad taucht. Wir finden, ein Kind sollte ein Kind sein und lieber im Kinderbecken planschen, als in den Zukunftsvisionen seiner überehrgeizigen Eltern unterzugehen.

Drittens: Wenn Sie FDP-Mitglied sind, Vegetarier oder militanter Nichtraucher, könnten Sie sich durch einige Passagen in diesem Buch beleidigt fühlen.

Wenn das alles nicht auf Sie zutrifft, oder wenn Sie manchmal am liebsten den »Taxi-Mama«-Aufkleber von der Heckscheibe abpiddeln würden, weil Sie merken, dass da irgendwas falsch läuft; wenn Sie FDP-Mitglied sind, Vegetarier oder Nichtraucher, aber nichts davon fanatisch betreiben; wenn Sie Ihr Kind lieben, aber trotzdem manchmal nicht wissen, wie Sie den Tag überstehen sollen, ohne es gleichzeitig zu hassen (und sich selbst natürlich auch, allein für den Gedanken); wenn Sie überhaupt überlegen, wie man ein Kind im zweiten Jahrzehnt des dritten Jahrtausends einigermaßen normal groß bekommt, dann könnten Sie hier richtig sein.

II.

Eltern haben heute eine irrwitzig schwierige Aufgabe zu bewältigen: Sie machen ihren Job in einer Zeit, die nicht auf Kinder eingestellt ist. Noch nie wurden in Deutschland so wenige Kinder geboren, und noch nie hatten Kinder, die in Deutschland geboren werden, so wenige Geschwister. Das heißt für uns Eltern, dass wir echte Exoten sind (außer wenn wir, zum Beispiel, in Berlin-Prenzlauer Berg wohnen, aber so ist das eben mit Exoten, sie ziehen dahin, wo andere Exoten sind, damit sie sich nicht so exotisch fühlen). Wir sind also eine kleine Gruppe, und deshalb nerven wir: die Nicht-Eltern, weil für uns eigene Parkplätze vor dem IKEA-Eingang reserviert sind; unsere Vermieter, weil unser Kind zu laut ist und mit dem Bobbycar das Parkett zerkratzt; unsere Arbeitgeber, weil wir es nicht mehr für unsere Hauptaufgabe halten, bis 22 Uhr im Büro zu sitzen, um für irgendein Projekt doch kaum Geld zu bekommen; unsere kinderlosen Freunde, weil wir statt einer Nacht im Club einen Federball-Nachmittag im Park vorschlagen; oft nerven wir sogar andere Eltern, weil wir es anders machen als sie. Wann muss das Kind ins Bett, wie viel darf es fernsehen, ist der Schnuller aus Kautschuk oder aus Silikon – all das ist heute eine Sache der Weltanschauung. Eine Diskrepanz in der Beantwortung solcher Fragen hat das Zeug, langjährig bestehende Freundschaften zu zerstören.

Unsere Eltern hatten es ein bisschen einfacher. Für sie war es normal, Kinder zu haben. Das gehörte eben dazu, über ein Erziehungskonzept hat man sich nicht so viele Gedanken gemacht (und wenn doch, wollte man die Erziehung am liebsten gleich abschaffen). In den meisten Fällen bestand das Erziehungskonzept wohl einfach darin zu sagen: Hauptsache, nicht so streng wie Opa und Oma.

Wir, die Generation der jungen Eltern von heute, sind selbst auf die Grundschule um die Ecke gegangen, weil es eben praktisch war und nicht, weil die Schule besonders gut gewesen wäre. Heute, wo wir erwachsen sind, quälen wir uns mit der Frage, ob man sich so eine Haltung denn in diesen Zeiten noch erlauben kann. Wir hatten entweder eine Mutter, die Hausfrau war, oder eine, die arbeitete, oder eine, die Hippie war – und in allen drei Fällen waren wir uns ziemlich oft selbst überlassen. Die Erwachsenen interessierten sich nicht sonderlich für uns, denn irgendwie hatten sie Besseres zu tun (die Fransen vom Perserteppich kämmen, arbeiten) oder sie fanden es, falls sie Hippieeltern waren, kindgerecht, uns selbst einfach mal machen zu lassen. Unsere Eltern waren auch meistens noch ziemlich jung, deshalb irritiert es manche, wenn man heute von »jungen Eltern« spricht, wo diese »jungen Eltern« ihre Kinder doch mit Anfang dreißig bekommen. Aber »junge Eltern« sind wir nicht unbedingt wegen unseres biologischen Alters. Jung sind wir, weil wir uns für unsere Jugend so wahnsinnig viel Zeit gelassen haben, weil wir sehr lange nicht damit aufhören konnten, abends auszugehen, weil wir andere Sorgen hatten als die Sorgen von Eltern (Karriere, Partnerschaft, das Einrichten im Leben). Und als wir dann Eltern wurden, da bekamen die Sorgen eine neue Qualität, denn so, wie wir alles in unserem Leben selbst bestimmt hatten, so müsste man doch eigentlich auch über ein Kind bestimmen können, hatten wir geglaubt – das aber stellte sich bald als falsche Annahme heraus.

Bevor es so weit war, haben viele von uns erst mal ein paar Jahre lang nachgedacht, ob sie überhaupt Kinder wollen (und ob sich das lohnt: der Karriererückschritt, die finanziellen Einbußen, die verpassten Wellnessurlaube, Partys, Kinofilme). Dann haben wir darüber nachgedacht, in welchem Kreißsaal wir sie am besten zur Welt bringen sollen. In einem mint- oder einem apricotfarbenen? Wir haben auch darüber nachgedacht, wie viel Schmerz bei der Geburt sein muss, und natürlich vor allem darüber, wie sie sein sollen, die Kinder, und wie wir sein sollen als Eltern. Wie viel von unserer alten Welt, von dem Erwachsenenleben, wie wir es uns ausgesucht haben, wollen wir behalten, wie viel sind wir bereit aufzugeben?

Dass wir uns all diese Fragen stellten, hat damit zu tun, dass wir heute so viele Optionen haben. Es hat aber auch damit zu tun, dass viele von uns gar nicht mitbekommen haben, wie andere, ältere Freunde und Verwandte, Kinder bekommen haben. Irgendwann sind wir von zu Hause ausgezogen, mit Kindern hatten wir jahrelang nichts zu tun. Wir lebten in einer geschlossenen Gesellschaft der Erwachsenen, in einer Welt, in der man unter Kindheit für gewöhnlich einen paradiesischen Zustand versteht. Mit anderen Worten: Wir hatten keine Ahnung.

Dann also schoben wir den Kinderwagen durch die Stadt, und irgendwann traten wir ein in das mysteriöse Paralleluniversum Spielplatz, das uns bis dahin völlig unbekannt war. Denn das letzte Mal waren wir auf einem Spielplatz gewesen, als wir heimlich unsere erste Zigarette geraucht hatten. Und jetzt saßen da die anderen jungen Eltern, man beäugte sich: Wie machen die das hier? Was sind die Regeln? Wie viel muss ich einem anderen Kind durchgehen lassen, wie viel meinem eigenen (denn während wir am Sandkasten saßen, spielten die Kinder Kain und Abel)? Wir machten eine sehr erstaunliche Erkenntnis: nämlich die, dass Kinder auch nur Menschen sind, also gern auch mal mies gelaunt und schlecht in Form und dass sie überhaupt nicht immer glücklich sein wollen, genauso wenig wie sie irgendeinen Ehrgeiz haben, sich gut zu benehmen.

Wir merkten: Wir waren als Erzieher gefragt. Das Problem dabei ist, dass Neu-Eltern schlichtweg nicht wissen, wie das funktioniert: Erziehen. Irgendwie kam uns Erziehen ja immer ein bisschen spießig vor, aber jetzt merkten wir, dass es ohne halt auch nicht geht. Auf die Ratschläge unserer eigenen Eltern wollen wir uns bei der Suche nach der richtigen Erziehungsmethode lieber nicht verlassen. Denn sie waren besser als Opa und Oma, ganz sicher, sie waren mit sich im Reinen, und deshalb waren sie gute Eltern, aber sie haben uns auch Glutamat gegeben und uns, als wir Säuglinge waren, auf dem Bauch schlafen lassen. Außerdem gibt es heute einen Haufen Fragen, die sich unsere eigenen Eltern nie stellten. Sie mussten sich keine Gedanken darüber machen, wie man sich auf Facebook verhält, wenn sich dort auch die eigenen Kinder herumtreiben. Es gab weder Youporn noch den Terror von Prinzessin Lillifee, und man musste sich auch keine Sorgen darüber machen, was die Kinder so auf ihrem Handy gespeichert haben. Wir Eltern von heute müssen auf all diese Fragen eine Antwort parat haben.

Bei allen Unsicherheiten in Erziehungsdingen tut es gut, eine Stimme von jemandem zu hören, den man mag und den man für halbwegs normal hält. Der zwar auch nur seine Meinung hat, aber weiß, wie schwierig das Erziehen ist und dass Anspruch und Realität nicht zwingend etwas miteinander zu tun haben. Wir, die Herausgeber und Autoren dieses Buchs, würden gerne so eine Stimme sein. (Und diese Stimme verrät Ihnen jetzt gleich mal was Beruhigendes über das Gefühl, im Leben etwas zu verpassen, weil man Kinder hat: In Wirklichkeit ist es nämlich so, dass die Kinderlosen vor allem in unserer elterlichen Fantasie ständig auf Wellnessreise gehen und Partys feiern. Die Herausgeber jedenfalls kennen einige Kinderlose, die sich gern beklagen, dass es inzwischen ungemein schwierig geworden sei, sich am Samstagabend zu verabreden. Es habe ja keiner Zeit – alle müssten sich um ihre Kinder kümmern. Das Gefühl, in einer Parallelwelt zu leben und das Eigentliche zu verpassen, ist womöglich nur eine Frage des Lebensalters und entspricht mehr dem Gefühl als der Realität.)

III.

Wenn man sich von jemandem Erziehungstipps geben lässt, dann sollte man sich vergewissern, dass man ein paar grundsätzliche Auffassungen teilt. Es gibt tausend Arten, ein Kind zu erziehen, und man sollte sich diejenige raussuchen, die zu einem passt.

Wenn wir selbst beim Erziehen irgendeinen Leitsatz haben, dann vielleicht den: Eltern, entspannt euch! Schielt nicht ständig auf die Zukunft eurer Kinder, sondern genießt die Gegenwart.

Wir glauben, dass Kinder nicht Abziehbilder unserer selbst sind, dass sie nicht die Leinwand für unsere Projektionen sein dürfen. Sie gehören uns nicht, wir müssen sie nehmen, wie sie sind – und ihnen helfen, das Beste aus sich zu machen. Wir glauben, dass wir das Kind als Persönlichkeit akzeptieren müssen, mit allen Stärken und Schwächen – das heißt, wir müssen auch sein Scheitern in Kauf nehmen. Das ist eine harte Aufgabe, und wir behaupten nicht, dass wir sie immer mit Bravour meistern würden. Aber wir versuchen es. Im Übrigen müssen wir auch unser eigenes Scheitern in Kauf nehmen, und auch unsere Kinder müssen lernen, uns zu nehmen, wie wir sind. Erziehen bedeutet im Grunde nichts anderes, als mit Scheitern so kreativ wie möglich umzugehen.

Man kann sich überhaupt nicht so viele Katastrophen vorstellen, die passieren, während man seine Kinder erzieht. Die schlimmsten lassen sich vermeiden, wenn man selbst weiß, was man will. Eines der Kinder der Herausgeberin lernte als Baby, pünktlich um acht zu schlafen, als im Fernsehen 24 lief – was ganz sicher mit der Ausstrahlung der Mutter zu tun hatte, die diese großartige Serie so sehr liebte und dem Kind – ohne Anwendung unerlaubter Foltermethoden – signalisierte: Ich will, dass du jetzt wirklich schläfst, denn jetzt fängt mein Mutter-Feierabend an. Gegen Erziehungskatastrophen hilft es auch ungemein (Achtung, da sind wir ein bisschen altmodisch!), wenn man seinem Kind nicht gleich jeden Wunsch erfüllt (zum fünften Mal: »Ich will aber das andere Kleid anziehen!«, zum hundertsten Mal: »Noch ein Keks!«). Ein Wunsch ist die heilige Ausnahme: der Wunsch, Zeit miteinander zu verbringen.

Wir glauben, dass Eltern alles richtig machen, wenn sie ihre Kinder lieben und sich mit ihnen beschäftigen, deshalb ist dies kein Buch, das erklärt, wie man es schafft, dass ein Kind beim Essen nicht die Ellenbogen auf den Tisch nimmt und auch ansonsten artig ist. Kindern gutes Benehmen beizubringen ist als Ziel so selbstverständlich wie aussichtslos, das dürfte schon Freiherr Adolph Franz Friedrich Ludwig Knigge geahnt haben (der nämlich seine berühmten Benimmregeln gar nicht selbst aufgestellt hat; die hat ihm sein Verlag nach seinem Tod einfach dazugeschrieben). Der *Elternknigge* guckt nicht den Kindern auf die Finger, sondern den Eltern. Er erklärt, wie man sich beim Erziehen selbst gut benimmt, gegenüber dem Kind, anderen Eltern, kinderlosen Freunden. Es geht darum herauszufinden, wie man nicht plötzlich ein Eltern-Trottel wird. Ein Eltern-Trottel, der vor lauter Erziehungsperfektionismus vergisst, dass es eben auch noch einen Erwachsenen-Alltag gibt, ein normales Leben, das weitergeht, wenn man ein Kind hat. Ein Leben, das schwieriger ist als das Leben ohne Kinder, das man vorher hatte – und schöner. Und in dem plötzlich moralische Probleme eine Rolle spielen, die es vorher schlichtweg nicht gab: Ob man auf dem Spielplatz rauchen darf, ist vielleicht eine viel komplexere Frage als die nach der richtigen Schule.

IV.

Was haben die Autoren dieses Buchs gemeinsam? Alle schreiben für die *ZEIT* und haben mit uns im *ZEITmagazin* die ersten 55 Elternknigge-Fragen beantwortet, zu denen nun in diesem Buch weitere 95 hinzugekommen sind. Alle sind Eltern, sie sind es gern, sie machen sich Gedanken – und hören dann auf, zu viel zu denken, und tun einfach, was sie für richtig halten. Sie sind sich ihrer Fehlbarkeit bewusst, das ist womöglich ihre größte Kompetenz: Sie sind durch Schaden klug geworden. Sie wissen, dass es nicht leicht ist, ein guter Vater zu sein, eine gute Mutter. Sie wissen, dass man das Tagebuch der Tochter nicht lesen darf, es aber eben doch tut, wenn man nur verzweifelt genug ist (es sei denn, man hat von einem gehört, der es getan hat und der erzählt hat, wie schlecht er sich danach fühlte).

Nur wenige Antworten, die wir auf die Fragen der Erziehung geben, dürften empirisch nachweisbar richtig sein, und manche Antwort wäre anders ausgefallen, wenn sie ein anderer Autor beantwortet hätte (die Herausgeberin gibt zu Protokoll, dass sie ihren Kindern nie einen eigenen Fernseher im Kinderzimmer erlauben würde; der Herausgeber gibt zu Protokoll, dass sein Kind niemals auf ein Familienfest mitgehen muss, denn dann müsste er da ja auch hin).

Aber so ist es eben: Jeder hat seinen eigenen Weg, jeder muss diesen Weg selber finden. 150 von diesen Wegen beschreibt dieses Buch. Sie wurden alle gegangen. Allen Kindern geht es gut. Und den Eltern so weit auch.

Matthias Kalle & Tanja Stelzer,
Berlin und Hamburg im Sommer 2010

DARF PAPA
AUF DEM
SPIELPLATZ
RAUCHEN?

Mein Kind, die Leute & ich

1.
Darf Papa
auf dem Spielplatz
rauchen?

Es geht hier nicht um die Frage, ob Rauchen gesund ist oder nicht. Es ist nicht gesund, und man pustet einem Kind – egal, wie alt es ist – keinen Rauch ins Gesicht. Aber ein rauchender Vater sollte auch nicht heimlich rauchen und seine Sucht vor seinem Kind verbergen. Wenn er kann und will, sollte er aufhören.

Ich bin ein rauchender Vater, ich rauche nicht im Haus, so wie ich als gesetzestreuer Bürger auch nicht mehr im Zug rauche, im Restaurant und an all den anderen Orten, wo es verboten ist. Auf einem Spielplatz stehen meist keine »Rauchen verboten«-Schilder. Ich gehe oft mit meinem Kind auf den Spielplatz – das Kind rutscht gern. Nicht dreimal, nicht fünfmal – das Kind rutscht zwanzig-, dreißigmal, Treppe rauf, rutschen, Treppe rauf, rutschen. Als Vater fühle ich mich dabei wenig gebraucht – ich schaue zu, meist sitze ich auf einer Bank. Anfangs zündete ich mir dort eine Zigarette an, las Zeitung, trank Kaffee aus einem Pappbecher. Eines Tages schaute ich nach links: ein Vater, lesend, Zigarette, Pappbecher. Ich schaute nach rechts: ein Vater, lesend, Zigarette, Pappbecher. Der Anblick widerte mich an – ich fand es eklig, unverschämt. Ich fand es falsch. Die Szene erinnerte mich an die Terrasse eines Cafés, nur war das hier ein Spielplatz, ein Ort der Kinder, ein Ort, der den Kindern gehört, für Kinder gemacht. Ein Ort, an dem sich Kinder wohlfühlen und Spaß haben sollen. Und nicht wir.

Matthias Kalle

2.
Darf man
bei einem Sandkastenstreit
Partei für das eigene Kind
ergreifen?

Gegenfrage: Warum stellt sich diese Frage überhaupt?

Die Antwort glaube ich zu kennen, seitdem ich ein paarmal zu oft die tiefe Enttäuschung in den Augen meiner Kinder gesehen habe, das Erschrecken über ihren Vater, der sich mit Betreten des Spielplatzes in einen unsolidarischen, unberechenbaren Fremden verwandelt zu haben schien: Denn der Sandkasten ist längst nicht mehr nur Spielplatz für die Kinder, er ist zur Bühne ihrer Eltern geworden, einer Bühne, auf der sie ihre Erziehungsideale aufführen. Zuvorkommend sein. Zurückhaltend bleiben. Alles mit Worten lösen. Was dazu führte, dass ich mich irgendwann Sätze sagen hörte wie »Lass das Mädchen doch ruhig mal dein Laufrad ausprobieren«, kombiniert mit einem »Du kannst dem Jungen doch nicht einfach seinen Bagger wegnehmen«, ehe ich mein Kind nach ungefähr einer Minute von der Schaukel holte, um Platz zu machen für das nächste, das dann bis zur Dämmerung drauf sitzen blieb.

Am Ende war es immer so, dass die Egoistenkinder der Egoisteneltern mit einer super Schaukelbilanz nach Hause gingen – wo meine eigenen Kinder lieber geblieben wären, anstatt wegen ihres Vaters, dem es um Gerechtigkeit ging, den Glauben an die Gerechtigkeit zu verlieren.

Das ging so weiter, bis ich einmal Zeuge der jähen Attacke eines Jungen auf ein Mädchen wurde: Gezerre, Gerempel, dann lag sie im Sand. Der Vater des Mädchens packte den Burschen, hob ihn auf Augenhöhe, zischte ihm ein »Du spinnst wohl!« entgegen und stellte ihn drei Meter weiter im Sand ab – vor den Augen von dessen Eltern.

Kein »Na, was macht ihr denn da?«, kein »Wer von euch beiden hat denn angefangen?«. Ein kurzer, klarer *war on terror*.

Das hat mir imponiert.

Seitdem sage ich, schon bevor es dunkel wird, fremden Kindern auf der Schaukel manchmal: »Du, ich glaube, jetzt ist mein Sohn noch mal dran.«

Henning Sußebach

3.
Darf ich mich
für mein Kind
schämen?

Das Kind schmatzt? Entweder es ist noch zu klein, um ordentlich zu essen, oder die Eltern haben's vermasselt. Dann müssen sie sich nicht für das Kind schämen, sondern für ihr eigenes Versagen. Das Kind kann noch nicht die Schuhe zubinden / Fahrrad fahren / das Einmaleins? Eltern, die sich dafür schämen, haben ihren Job nicht etwa nicht gemacht, sondern ihn nicht verstanden.

Wahrscheinlich gehört es zu den größten Herausforderungen überhaupt, die Eltern zu erfüllen haben, ihr Kind zu nehmen, wie es ist – mit allem, was es kann, und vor allem mit allem, was es nicht kann. Ein Kind ist nur ganz selten das, was sich ein Erwachsener unter seinem Kind vorstellt. Das Neugeborene, das sich bei der Geburt eine dicke Beule geholt hat und gar kein schönes »Endlich sind wir zu dritt«-Foto abgibt, das Baby mit dem Milchschorf auf der Kopfhaut, mit den kleinen Schweinsäuglein, die überhaupt nichts Kulleriges haben, das Kind, das sich bei einem Wutanfall in den Matsch wirft, das sich nicht traut, im Turnverein mitzumachen. So sind Kinder, nicht so wie in all den schönen Broschüren, die Frauenärzte nach dem positiven Schwangerschaftstest zusammen mit dem Mutterpass verteilen.

Die Trauer um das ideale Kind, das man nicht bekommen hat, setzt ziemlich genau in diesem Moment ein, in dem wir das hellblaue Heftchen in die Hand bekommen. Das ist alles meist nicht so romantisch, wie man es sich vorgestellt hatte. Eine meiner Freundinnen wurde während der Schwangerschaft depressiv, die andere war selig, aber sie wartete vergeblich darauf, dass ihr Freund es auch sein würde, dass er die Hände um ihren Bauch spannen würde wie auf den Sehnsuchtsbildern jener Prospekte. Und dann, nach der Geburt, führen uns die Mängellisten der U-Untersuchungen vor Augen, was alles nicht in Ordnung ist mit dem Kind. Ich erinnere mich noch, wie mich der Arzt zusammen mit meiner zwei Tage alten Tochter aus dem Krankenhaus entließ. »Ich finde nichts, was an diesem Kind auszusetzen wäre«, sagte er und schrieb seinen Namen in das U-Untersuchungsheft. Nett gemeint war das, aber es verrät doch, wie wir auf unsere Kinder blicken: Wir suchen nach Fehlern.

Die Ärzte müssen das tun, es ist ihr Job. Unser Job als Eltern ist es, auf die Stärken zu gucken. Stolz ist die erste Elternpflicht.

Tanja Stelzer

4.
Muss ich »Pst« machen,
wenn mein Kind zu laut ist,
nur für die Umstehenden?

Eine der größten Veränderungen, wenn man ein Kind bekommt, ist, dass man fortan alles, was man tut, öffentlich tut. Kaum schiebt man einen Kinderwagen, ist man umgeben von einer Heerschar von Kommentatoren, Menschen, die man nicht kennt und vor allem nicht kennenlernen möchte. Alle Welt weiß, warum der Säugling gerade brüllt, kann unsere Stillprobleme lösen, jeder kennt den besten Trick, wie man ein Kind trocken bekommt. Die Nachbarn, die schon die geräuschvollen ersten Geburtswehen mit anhörten, wissen auch, wann das Kind durchschläft, wann es zahnt, und sie werden noch zuhören, wenn in der Pubertät um die Ausgehzeiten gestritten wird, wenn es seinen ersten Sex hat. Die Tochter plaudert im Kindergarten aus, dass Mama soeben die Putzfrau gefeuert hat, der Sohn sagt »Mein Papa hat gesagt, dein Papa ist geldgierig« – wohin man auch kommt, die anderen wissen schon Bescheid und fällen ihr Urteil. Eltern sind öffentliche Menschen, mit allem, was sie tun.

Wahrscheinlich sind wir von dem Gefühl, ständig unter Beobachtung zu stehen, irgendwie traumatisiert – und glauben deshalb, selbst andauernd nicht nur mit unserem Kind, sondern vor allem durch unser Kind mit anderen kommunizieren zu müssen.

Wie viele erzieherische Sätze spricht man nicht wirklich zum Sohn oder zur Tochter, die sich gerade irgendwie danebenbenimmt (man weiß ja, dass es sowieso nichts bringt), sondern zu den Leuten in der U-Bahn, bloß damit sie uns in Ruhe lassen. Wir könnten uns auch ein Schild umhängen:

Achtung, bitte nicht stören, Eltern bei der Erziehungsarbeit!

Nicht, dass das die Erziehungsarbeit erfolgreicher machen würde. Aber wir haben das Gefühl, wir haben was getan, wir haben uns entschuldigt bei allen, die wir nerven. Wir sagen zum Kind: »Warum bist du denn heute so knatschig!« Und meinen: Sorry, Leute, ist gerade 'ne schlechte Phase, aber die ist ganz bestimmt gleich vorbei. Wir sagen zum Kind: »Jetzt bleib doch mal ruhig sitzen. Nur noch zwei Stationen, dann haben wir's geschafft.« Und meinen: Leute, beschwert euch jetzt mal nicht, wir steigen eh gleich aus, dann seid ihr uns los.

Das Dumme ist, dass Kinder das sofort durchschauen. Sie merken erstens: Ich bin gar nicht gemeint, und fragen sich zweitens: Warum sollte ich dann machen, was man mir sagt? Sie merken drittens: Wow, meine Eltern sind ja ganz schön gestresst. Und weil sie wissen, dass Eltern im Stressfall gern mal ihre Überzeugungen verraten, machen sie so lange weiter, bis die Eltern aufgeben und das Kind viertens endlich doch den Lolli bekommt, den es will, den Sitzplatz, den es sich ausgesucht hat, das Bilderbuch, das jetzt eigentlich im Rucksack steckt und das es sich nicht lohnt auszupacken, weil wir ja, wie gesagt, gleich aussteigen.

Was das alles heißt? Mit dem Kind reden, wenn es wirklich was zu sagen gibt (und zwar auch wirklich das, was es zu sagen gibt: »Ich will, dass du jetzt ruhig bist«, und nicht eine Kaskade von an die Umstehenden gerichteten Ersatz-Entschuldigungssätzen). Und mit den Leuten drumrum reden, wenn wir denen was zu sagen haben. Ansonsten einfach mal nichts sagen. Wird auch die Leute drumrum freuen.

(Leider wirkt diese Strategie nicht sofort. Kinder sind wie Geldanlagen. Der Ertrag zeigt sich eher langfristig.)

Tanja Stelzer

5.
Was mache ich,
wenn mein Kind mich
peinlich findet?

Mich fragen: Vielleicht hat mein Kind recht?

Ein guter Freund erzählt immer mal wieder die Geschichte, wie seine Mutter früher im Kaufhaus laut nach »Herzi!« rief. Das Herzi war er, und mit seinen damals zwölf oder dreizehn Jahren hätte er auf der Stelle im Boden versinken mögen. Derselbe Freund erzählt außerdem, dass seine halbgroßen Kinder ihn im Supermarkt extrem peinlich fanden, wenn er gedankenlos vor sich hin pfiff. Er hat es dann gelassen. (Und stattdessen gesungen ...)

Wie wäre es mit einer Art Dreistufencheck als Reaktion auf kindliche oder pubertäre Peinlichkeitsempfindungen:

1. Sich freuen: Wenn mein Kind das Fremdschämen für sich entdeckt, reift es gerade zu einem sozialen Wesen mit verfeinerter Beobachtungsgabe und Empathie heran.

2. Sich erinnern: War es nicht wirklich furchtbar, wenn zum Abholen nach der Klassenfahrt nicht nur Mutter oder Vater, sondern auch noch Schwester und Brüderchen samt Oma aufkreuzten – und alle wollten einen küssen?

3. Sich selbst infrage stellen: Muss ich wirklich vor Freunden gedankenlos ausplaudern, wie mein Sohn neulich beim Einschlafen ... Nein, muss ich nicht!

Trotzdem – dass Kinder ihre Eltern zeitweise unzumutbar finden, wird sich nie ganz vermeiden lassen. Papas neue Schuhe: »Megaout!« Mama im Bikini: »Wie uncool ist das denn!« Sie werden immer und überall irgendeinen Anlass finden. Zum Beispiel diesen: »Oah, Mama! Versuch doch nicht immer, meine Gedanken zu lesen, das ist so peinlich! Sei doch einfach, wie du bist!«

Iris Mainka

6.
Darf ich mein Kind
auf den Mund küssen?

Man sieht ja dauernd Elternmünder, die auf Kindermünder gepresst werden, ganz selbstverständlich, ganz falsch. Eine Plage, jene Eltern, die in ihrem Kind einen kleinen Erwachsenen sehen. Nichts anderes sagt der Kuss auf den Mund: Wir sind uns so nah, wir sind ein Paar.

Warum ich das falsch finde? Weil es dem Kind eine falsche Rolle zuweist. Und weil es den wirklichen Partner, die Frau, den Mann, die Freundin, den Freund, zu einem beliebigen Kussempfänger degradiert. Ab dem Moment der Geburt reduziert sich der Raum, der nur den Eltern gehört, auf ein paar Quadratzentimeter. Im Grunde ist er so groß wie ein paar Lippen. Und man sollte ihn nicht noch kleiner machen.

Küssen Sie Ihre Kinder so oft, wie Ihre Kinder es wollen, aber küssen Sie auf die Backe (gibt es Schöneres als eine pralle Kinderbacke?). Lassen Sie sich küssen, aber fordern Sie es nicht ein. Machen Sie das Kind nicht zu Ihrem Lebenspartner. Und vergessen Sie nicht, Ihren Partner zu küssen, und den bitte auf den Mund.

Tanja Stelzer

7.
Was tue ich,
wenn mein Kind mich
beim Vornamen nennt?

Was machen Sie denn, wenn Ihr Partner Sie beim Vornamen nennt? Oder reagieren Sie nur, wenn Ihre Frau »Papa« zu

Ihnen sagt? Natürlich antworten Sie, wenn Ihr Kind Sie beim Vornamen nennt, aber es fühlt sich komisch an, irgendwie falsch. Sie fühlen sich unwohl, also sagen Sie das Ihrem Kind und bitten es, doch in Zukunft wieder Papa zu Ihnen zu sagen. Sie werden merken, dass manche Wünsche in Erfüllung gehen.

Aber wenn Sie Bücher von Paulo Coelho lesen, Jutta Ditfurth für eine unterschätzte Politikerin halten und ein *taz*-Abo haben – dann machen Sie am besten eine Flasche Champagner auf. Sie wissen schon: den fair gehandelten.

Matthias Kalle

8.
Darf ich mein Kind
aus dem Club
abholen?

Bloß nicht. Aus drei Gründen. Der Satz »Meine Tochter ist da drin« wird keinen Türsteher beeindrucken, weil er wie ein dummer Trick klingt. Selbst wenn Sie drin sind, würden Sie Ihr Kind nie finden, sondern in den zuckenden Lichtblitzen herumtappen wie ein Maulwurf. Und sollten Sie – wider alle Wahrscheinlichkeit – Ihr Kind doch aufspüren, wäre die Stimmung für mindestens drei Wochen katastrophal. Zu Recht. Sie hätten Ihren Sohn oder Ihre Tochter übel blamiert und sich selbst lächerlich gemacht. Das heißt nicht, dass es für minderjährige Szenegänger nicht ein paar Regeln geben sollte, was Alkohol und Heimkehrzeit betrifft. Ist Verhandlungssache. Die Aussicht auf Beachtung der Regeln ist höher, wenn sie mit den Eltern der Freunde abgestimmt werden. Selbst wenn das einigermaßen klappt, sollten Sie damit rechnen, ab und an nachts mit klopfendem

Herzen wachzuliegen und sich grässliche Dinge auszumalen. Das geht vorbei.

Anna von Münchhausen

9.
Darf ich zurückpöbeln, wenn mich jemand anpöbelt und mein Kind dabei ist?

Wenn Leute mich anpöbeln (verbal oder in Briefen), dann pöbele ich normalerweise tatsächlich in genau der gleichen Tonlage zurück. Ich nenne das »Erwachsenenbildung«. Wenn die Leute auf diese Weise den Spiegel vorgehalten bekommen, lenken sie meist ein und ändern ihren Ton. Höflichkeit bringt bei Pöblern gar nichts.

Und wenn mein Kind dabei ist? Das kommt auf das Alter an. Bei einem Zehnjährigen würde ich es nicht tun. Ein Sechzehnjähriger würde es verstehen.

Harald Martenstein

Gut & Böse

10.
Darf ich
einem Vegetarier-Kind,
das zu Besuch ist,
Fleisch anbieten?

Manche Menschen sind ja der Meinung, dass man ein Kind erst taufen lassen sollte, wenn es selbst entscheiden kann, ob es Mitglied einer Kirche sein möchte. Ich bin mir nicht sicher, ob diese Menschen recht haben, denn welches Kind könnte diese Entscheidung mit acht oder, sagen wir, zehn oder zwölf Jahren wirklich selbst treffen? Ganz sicher bin ich mir aber bei der Frage, ob ein Kind qua Geburt in die heilige Gemeinschaft der Vegetarier aufgenommen werden soll. Um Himmels willen, natürlich nicht! Diese Weltanschauungsdinge sind was für Erwachsene oder für Halberwachsene. Sie betreffen nämlich nicht nur das Seelen-, sondern auch das körperliche Heil.

Kinder brauchen Fleisch (oder man muss sehr mühevoll und sehr akribisch das Gute im Fleisch ersetzen), und sie haben ein Recht auf Genuss. Mit ihrem ersten Steak schmecken sie die ganze Kulturgeschichte des Menschen. Die verkokelten Büffel der Steinzeit, den Sieg über das böse Tier, die Geborgenheit der Höhle, alles steckt da drin.

Es ist also schon eine Versuchung der üblen Sorte, wenn man ein Vegetarier-Kind zu Besuch hat. Eine kleine Frikadelle, mein Schatz? Wenigstens ein bisschen Bratensoße, sonst sind ja deine Kartoffeln ganz trocken … Eine Scheibe Wurst auf die Hand, nur zum Naschen? Sorry, alles verbotene Sätze. Denn das hier ist elterliches Hoheitsgebiet. Die Vegetarier haben, leider, die Moral auf ihrer Seite.

Aber auf eins können sie irgendein bei Mondschein geronnenes Gift nehmen, die Vegetarier: Irgendwann wird ihr Kind sagen, dass es keine toten Tofus mehr essen will.

Tanja Stelzer

11.
Was mache ich,
wenn mein Kind
ein Angeber ist?

Schon mal überlegt, ob Sie selber einer sind? Oder ob Sie Ihrem Kind Anlass geben zu glauben, es müsste mehr scheinen, als es ist? Ob Sie Ihr Kind auf einen Thron setzen, wo es doch eigentlich auf einen Kinderstuhl gehört? Ob Sie mit einem Verwöhnprogramm irgendeine Unzulänglichkeit kompensieren, die Sie sich vorwerfen?

Wer versucht, eine solche kleine Majestät zu beleidigen, zu demütigen, folgt einem verständlichen Reflex, wird aber das Kind wahrscheinlich höchstens dazu bringen, noch mehr anzugeben. Angeberkinder sind in Wahrheit große Sensibelchen, die sehr genau registrieren, was als wertvoll gilt in der Welt der Erwachsenen, und sich entsprechend verhalten. Wer ein Angeberkind ändern will, muss deshalb erst mal sich selber ändern.

Tanja Stelzer

WAS MACHE ICH, WENN MEIN KIND EIN ANGEBER IST?

12.
Soll ich
meine schlechten Eigenschaften
vor meinem Kind
verbergen?

Das kommt auf die Eigenschaften an. Ich halte Rauchen für eine schlechte Angewohnheit und achte darauf, dass mein Kind mich sehr selten rauchen sieht, am besten gar nicht. Aber ich verheimliche es nicht, so wenig, wie ich es verbergen kann, dass ich morgens kurz nach dem Aufstehen noch nicht ganz so tadellos aussehe wie zehn Minuten später, wenn ich aus dem Bad komme. Mein Kind darf auch mitbekommen, dass ich oft schlechte Laune habe, es soll wissen, dass ich kein Clown bin. Außerdem ahnt es wohl, dass ich Angst vor Hunden habe und Tiere generell nicht für sonderlich vertrauenswürdig halte.

Ich bin der Vater einer Tochter, nicht Gott. Ich bin fehlbar, wie alle Menschen.

Andererseits vollbringen die eigenen Kinder kleine Wunder an den Eltern, jeden Tag, sie machen sie zu etwas besseren, etwas netteren Menschen – sie schaffen es, dass die schlechten Eigenschaften ein bisschen weniger schlecht erscheinen und die guten Eigenschaften strahlen. Kinder können uns zu den Menschen machen, die wir schon immer sein wollten. Wir sollten als kleines Dankeschön ein anderes Wunder vollbringen. Wir sollten Kindern zeigen, dass die Menschen nicht perfekt sind. Und dass wir sie trotzdem – nein, Quatsch! –, gerade deshalb lieben können.

Was wir allerdings auch nicht tun sollten: mit unseren schlechten Eigenschaften hausieren gehen, Kinder brauchen keine Eltern, die dauernd raushängen lassen, wie lässig-unangepasst sie doch sind, dass sie auf Konventionen pfeifen und dass nicht sie selbst schlecht sind, sondern die Gesellschaft. Im zweiten Teil der großen *Rocky*-Saga wird der Held, der nicht mehr boxen will, sondern arbeiten, gefragt, ob er vorbestraft sei. Seine Antwort lautet: »Nicht so, dass ich damit angeben kann.«

Apropos: Soll ich mit meinem neunjährigen Sohn *Rocky* gucken? Ja, und zwar alle sechs Teile hintereinander.

Matthias Kalle

13.
Was tue ich,
wenn mein Kind
petzt?

Das kommt darauf an. Im Kindergarten muss das Kind petzen, es ist seine Waffe gegen Ungerechtigkeit, es ist ein Hilfsmittel zur Unterscheidung, was richtig und was falsch ist. Es muss lernen, sich zu melden und zu sagen, dass es das Gefühl hat, dass da gerade etwas verkehrt läuft. Petzen heißt zunächst nichts anderes als: Ich bin nicht einverstanden! Deshalb sollte man sein Kind, das petzt, loben (und das, was das Kind tut, nicht »petzen« nennen).

Und irgendwann sollte man ihm erklären, dass das so nicht mehr geht. Denn wenn die Pubertät beginnt, wird alles kompliziert, das ganze Leben, und zwar für jeden, der damit auch nur entfernt zu tun hat. Ich weiß, wovon ich rede, ich war mal in der Pubertät. Und als sie begann, habe ich eine Sache gelernt, die ich nicht wusste und die einem auch niemand wirklich beibringen kann: Wenn man nicht einverstanden ist, dann klärt man das. Und zwar selbst. Ohne Hilfe. Und dann schaut man mal, wie weit man damit kommt. Denn es gibt so etwas wie eine Ganovenehre, die besagt, dass man niemanden verpfeift. Und diese Ehre gilt bis zu einem gewissen Grad, bis zu einer Grenze, die man als Erwachsener selbstverständlich kennt, die ein 14-Jähriger aber selber finden muss. Und wenn er sie gefunden hat, dann schaut er mal kurz auf die andere Seite – und kehrt wieder um.

Anders ausgedrückt: Sie müssen Ihrem Kind Sitten, Anstand und Respekt vor dem Gesetz und der Verfassung beibringen und vorleben. Aber die Gesetze des Schulhofs, der Raucherecke, des Parks, der Freistunde – die sind für einen entscheidenden Abschnitt im Leben wichtiger als alles andere. Und eines dieser Gesetze verbietet das Petzen.

Matthias Kalle

14.
Was mache ich,
wenn mein Sohn
zum Bund will?

Ein Zivildienstverweigerer? In Ihrer Familie? Kommt natürlich überhaupt nicht infrage! Hier müssen Sie hart und unerbittlich sein! Drückebergertum wird nicht toleriert! Der Sohn hat zum Zivildienst zu gehen! Basta!

Matthias Kalle

15.
Wann soll ich meinem Kind
von Hitler erzählen?

Adolf Hitler, dieser monströse Name – wenn man ihn zum ersten Mal vor einem Kind ausspricht, wirkt er auf einmal irgendwie unwirklich. Man spürt, wie weit er inzwischen weg ist, dass die Generation, die heute aufwächst, kaum noch einen persönlichen Bezug zu Personen hat, die Nazi-Täter oder Nazi-Opfer waren. Und trotzdem ist Hitler ständig da: auf dem *Spiegel*-Cover, im Fernsehen, in den Büchern, die zu Hause im Regal stehen, in den goldenen Stolpersteinen der Nachbarstraße. Deshalb wird auch unweigerlich der Tag kommen, an dem der Sohn, die Tochter nach ihm fragt (wenn das Kind nicht gleich Hitler spielt, auch das kann einem blühen). Wenn das Kind fragt, ist es alt genug, eine Antwort zu bekommen, auch wenn es wirklich schmerzhaft ist, einem Kind zu erklären, wie schlecht Menschen sein können.

Wer war Hitler, Mama? Beantworten Sie die Frage sachlich, ehrlich, ohne in allzu grausame Detailschilderungen des Holocaust zu verfallen. Halten Sie keinen Vortrag, sondern erklären Sie, was Ihr Kind wissen will. Und hören Sie auf, wenn es nicht weiterfragt.

Machen Sie keine Geschichtsstunde draus, die kommt schon noch. Wichtig ist das Grundprinzip: Adolf Hitler war ein böser Politiker, viel böser als die bösesten, die es heute gibt. Er hat viele Menschen umbringen lassen, weil sie anders waren als die meisten im Land, aber er hätte das nie tun können, wenn die Leute ihn nicht an die Macht gebracht hätten und wenn sie ihn, als er an der Macht war, nicht hätten gewähren lassen.

Tanja Stelzer

16.
Darf ich
mein Kind als Ausrede
benutzen?

Wofür denn? Dafür, dass es mit der glänzenden Karriere, die Ihnen eigentlich bevorstand, doch nichts wurde? Dafür, dass Sie quasi über Nacht dick und hässlich geworden sind? Dafür, dass Sie jetzt leider überhaupt kein Geld mehr haben, um sich mal einen ordentlichen Anzug zu kaufen? Dafür, dass es Ihnen peinlich ist, in den Urlaub an die Nordsee zu fahren anstatt nach Barcelona? Dafür, dass Sie um halb zwölf nach Hause müssen?

Das können Sie ja gerne mal versuchen, aber die Menschen, die sich diese Ausrede dann anhören, werden in Ihnen nur das sehen, was Sie schon waren, bevor Sie Vater oder Mutter wurden: ein Lügner, ein Traumtänzer, ein Schlappschwanz. Es ist ein großes Missverständnis, dass man mit einem Kind immer eine gute Ausrede hätte – und in Wirklichkeit glaubt einem das doch eh keiner.

Es gibt aber noch eine andere Geschichte, die ein bisschen was mit Erlösung zu tun hat. Da gibt es Leute, die jahrelang ein Leben geführt haben, bei dem sie das Gefühl nie los wurden, dass etwas nicht passt, dass dieses Leben irgendwie nicht ihres ist. Trotzdem sind sie ständig ausgegangen, umgezogen, haben die Partner gewechselt und die Jobs und hielten das Leben, das sie hatten, für das Leben, das sie eigentlich wollten. Und dann bekamen sie ein Kind. Und mit diesem Kind bekamen sie die Chance auf ein neues Leben, eines, das besser zu ihnen passte als das alte. Wie aber soll man das erklären?

Man schiebt es auf das Kind. Es ist eine Ausrede gegenüber den Leuten, die einfach nicht verstehen wollen, dass ihr eigenes Leben nicht das Maß aller Dinge ist. Und gleichzeitig ein »Danke«.

Matthias Kalle

17.
Darf ich
für mein Kind lügen?

Ja. Sie dürfen auch für Ihr Kind durchs Feuer gehen und sich beide Hände abhacken. Sie dürfen für Ihr Kind so ziemlich alles tun, was ihm irgendwie hilft. Aber lügen Sie für Ihr Kind nicht aus Bequemlichkeit, nicht, damit es Ihr Kind leichter hat oder mit irgendetwas davonkommt. Lügen Sie dann, wenn es wichtig ist. Und das wiederum können Sie meistens besser beurteilen als Ihr Kind.

Matthias Kalle

18.
Darf ich
Schimpfworte benutzen,
wenn mein Kind
dabei ist?

»Was ist denn das für ein Scheiß?« Kaum ist einem etwas rausgerutscht, das besser dringeblieben wäre, da tönt es prompt: »Papa, warum hast du jetzt ›Scheiß‹ gesagt?« Gefolgt von einem Echo. »Ja, warum, Papa?« So was kann einem passieren, wenn man ein impulsiver Mensch ist und dreieinhalbjährige Zwillingstöchter hat.

Ja, warum nur hat Papa jetzt »Scheiß« gesagt? Und vor allem: Was sagt er jetzt, der Papa? Ob und wie heftig, wie derb der erwachsene Mensch schimpft, hängt von der sozialen Situation ab, in die er gestellt ist. Zu Hause, hinterm Lenkrad und im Fußballstadion lässt er schon mal jene Sau raus, die er am Arbeitsplatz längst wieder eingefangen hat – und die er im Restaurant oder beim Theaterbesuch in Sicherungsverwahrung weggesperrt hält. Je öffentlicher der Raum, desto mehr beherrscht sich der erwachsene Mensch, desto mehr hat er sich im Griff. Sich nicht einfach gehen zu lassen, hat viel mit Respekt zu tun – sich selbst gegenüber und seinem jeweiligen Umfeld. Warum aber sollte der erwachsene Mensch mehr Respekt den Wildfremden im Theater gegenüber empfinden als seinen eigenen Kindern? Die eigenen Kinder sind zweifelsohne das wichtigere Publikum – und auch, im Positiven wie Negativen, das leichter zu beeinflussende. Sie verdienen daher nicht weniger Respekt, sondern mehr. Den größten gar, den der erwachsene Mensch aufbieten kann.

Damit beantwortet sich auch die Frage, wie sich Papa in der oben beschriebenen Situation verhält: Er entschuldigt sich – und zeigt fortan mehr Respekt.

Peter Dausend

19.
Darf man
in Anwesenheit
eines Kindes lügen?

Natürlich darf man das nicht – aber man muss. Vor allem in Anwesenheit von zwei Kindern. Alleskönnereltern werden widersprechen, doch wenn zwischen zwei Kindern in einer Familie eine Lücke von mehreren Jahren klafft, drängt sich die Lüge wie von selbst dazwischen. Zum Beispiel an Weihnachten. Unser Sohn ist vier, unsere Tochter neun. Für sie ist das Christkind ein verblassender Geist aus stolz überwundenen Kleinkindtagen, für ihn die höchste Instanz. Sollen wir den kleinen Bruder, um der Wahrheit willen, seiner Lebenswirklichkeit berauben? Lieber lassen wir die große Schwester das Lügen lernen, das »aktive Verschweigen«, wie wir es lieber nennen, begleitet von Augenzwinkern und Komplizenlächeln zwischen Eltern und Tochter, die damit ein bisschen Exklusivität aus verlorener Einzelkindzeit zurückbekommt – und damit dem kleinen Bruder die Chance lässt, sich irgendwann ganz von allein zu fragen, warum er sich für Geschenke, die ihm doch das Christkind gebracht hat, bei Oma und Opa bedanken soll.

Eigentlich eine Win-win-Situation, wie man heute sagt: Unsere Tochter fühlt sich groß, und unser Sohn bestimmt selbst, wie lange er noch klein bleibt. Wir halten das für die beste Lösung. Ungelogen.

Henning Sußebach

20.
Was tue ich, wenn mein 16-jähriger Sohn Behindertenwitze erzählt?

Ist der Witz gut? Ich glaube, dass man, im Grundsatz, über fast alles Witze machen darf, der Witz ist ein Überlaufventil für unsere Seele, wie das Weinen, wie das Schreien. Es gibt natürlich solche und solche Witze. Das Verhalten meines Sohnes gegenüber Behinderten wäre mir, in jedem Fall, tausendmal wichtiger als die Witze, die er erzählt. Sechzehn, das ist ein grausames Alter, ein Alter der Frustrationen und des halben Erwachsenseins, der Ohnmacht und der Wut. Es ist schwierig, einem 16-Jährigen zu zeigen, dass man ihn liebt.

Und wenn man über einen schlechten Witz lacht?

Harald Martenstein

21.
Was tue ich,
wenn mein Kind
beim Klauen
erwischt wird?

Nichts. Warum? Darum:

Meine Flegeljahre begannen früh und dauerten nur kurz, ungefähr von zwölf bis vierzehn. Als ich vierzehn war, wollte ich in einem Kaufhaus eine CD klauen, nichts schien mir leichter als das, moralisch fand ich die Aktion auch einwandfrei, denn schließlich gehörte das Kaufhaus zu einem multinational operierenden Konzern, den Schaden, den mein Diebstahl dem Unternehmen zufügen würde, wäre zum einen minimal, zum anderen gerecht, schließlich war ich ein Bedürftiger, ich brauchte diese CD, aber wegen der Ungerechtigkeit der Verhältnisse fehlten mir die finanziellen Mittel.

Ich steckte mir die CD also in den Bund meiner Jeans, Hemd drüber, ab zum Ausgang. Kurz bevor ich draußen war, hielt mich etwas am Ärmel zurück, und eine Stimme sagte, ich solle doch bitte mal mitkommen. Das Ganze lief dezent ab, beinahe höflich. In seinem Büro sagte dann der Kaufhausdetektiv zu mir, dass das nicht ginge, das mit dem Klauen, dass er das der Polizei melden werde und die sich dann mit mir in Verbindung setzen würde – schien mir alles logisch, das Problem war ein anderes: Was würde meine Mutter zu alldem sagen? Wie würde die reagieren? Wäre sie auf meiner Seite?

Auf dem Weg nach Hause ahnte ich bereits, dass sie nicht auf meiner Seite sein würde, sondern auf der Seite des Gesetzes. Ich setzte mich ins Wohnzimmer und wartete auf meine Mutter, und als sie nach Hause kam und mich da so sitzen sah, wusste sie sofort, dass eine kleine Katastrophe passiert war. Damals hatte ich keine Ahnung, wie Mütter so etwas wissen können, heute weiß ich es (es hat mit dem Gefühl der Liebe zu tun). Ich erzählte ihr die ganze Geschichte, sie hörte sich die ganze Geschichte an, dann sagte sie: »Das klärst du mal schön alleine.« Sonst nichts. Kein Vortrag, keine Strafen, nicht mal eine ganz kleine.

Eine Woche später bekam ich Post von der Polizei. Ich sollte mich dann und dann da und da einfinden. Ich informierte meine Mutter, sie nahm es zur Kenntnis. Bei der Polizei nahm jemand meine Aussage auf, zudem notierte er, was ich über die Sache dachte, nämlich dass es ein Fehler war, dass ich es nie wieder tun würde, dass es mir leidtue. Stimmte alles.

Ich habe danach nie wieder etwas geklaut, und ich glaube, dass das an meiner Mutter liegt. Ich hatte einen Fehler gemacht und musste mit den Konsequenzen irgendwie selber zurechtkommen – das zu lernen sollte eine der Hauptaufgaben der Erziehung sein. Eltern tragen schließlich auch die Konsequenzen, wenn sie Mist bauen.

Matthias Kalle

22.
Wie erkläre ich meinem Kind,
was Missbrauch ist?

»Der Kinderschnapper ist unterwegs!« Mit der Neuigkeit begrüßt mich mein siebenjähriger Sohn, als ich ihn vom Hort abholen will. In seinen Augen sehe ich eine Mischung aus Beunruhigung und wohligem Grusel. Fragen über Fragen: Wo wohnt der Kinderschnapper? Was arbeitet der? Wo bringt er die Kinder hin? Wie groß ist sein Auto? Wie viele Kinder schnappt er gleichzeitig? Wenn er die Jungs mit Fußball-Stickern anlockt, was hat er sich dann für die Mädchen ausgedacht? Wie lange muss er ins Gefängnis, wenn die Polizei ihn erwischt? Wie lange, wenn er einem Kind doll wehtut? Und wie lange, wenn er es tötet? Und warum bekommt er keine Medizin, dass er keine Lust mehr hat, Kinder zu schnappen?

Wir Eltern gruseln uns wie unsere Kinder, nur ganz ohne wohligen Schauer. Die Erzieher geben uns den Rat, genau zuzuhören, was unsere Kinder fragen – und nur so konkret zu antworten, wie die Frage es verlangt. Keine Entführungs-, keine Vergewaltigungsszenarien. Das Grundsätzliche reicht: dass es Menschen gibt, die Kinder gegen ihren Willen irgendwohin bringen. Und das Kind muss wissen, was es zu tun hat: nicht nah rangehen, wenn man von einem Fremden herangewunken wird, wegrennen, schreien.

Normalerweise bejubeln wir jeden Schritt unserer Kinder zu mehr Selbständigkeit. Jetzt fragen wir uns, ob es vielleicht doch keine gute Idee ist, das Kind alleine zum Brötchenholen zu schicken, es alleine zur Freundin gehen zu lassen, die drei Straßen weiter wohnt.

Es ist natürlich eine gute Idee, beruhigen wir uns selbst. Würden wir mit hundertprozentiger Sicherheit verhindern wollen, dass dem Kind etwas passiert, müssten wir es einsperren – lebenslang. Und passiert nicht der Großteil der Missbrauchsfälle sowieso ganz im Privaten, dort, wo Kinder Vertrauen haben? Die Täter sind die Pfarrer, die Erzieher, die Onkel, die Großväter, die Väter. Ein unglaublicher Gedanke, wenn man ihn auf die realen Menschen überträgt, die unsere eigenen Kinder umgeben.

Was wir tun können: dem Kind klarmachen, dass es einen Bereich seines Körpers ganz für sich hat. Dass da keiner was zu suchen hat, außer zum Saubermachen (falls das Kind noch kleiner ist). Dass es Stopp sagen muss, wenn irgendwer mit seinem Körper etwas macht, das ihm unangenehm ist. Und dass, wenn so etwas passiert, das niemals ein Geheimnis sein kann. Denn es gibt gute und schlechte Geheimnisse. Die guten machen ein schönes Kribbeln im Bauch, die darf man für sich behalten. Die schlechten, die machen ein schlechtes Gefühl im Bauch und müssen raus. Die darf man, muss man weitererzählen.

Tanja Stelzer

23.
Darf ich gegenüber meinem Kind andere Kinder als abschreckende Beispiele vorführen?

Darf man natürlich nicht, denn es ist gemein und ungerecht gegenüber dem anderen Kind, das sich nicht wehren kann und im Zweifelsfall auch nicht dran schuld ist. Aber man kann. Doch zunächst sollte man sich die Frage stellen, was man eigentlich erreichen will. Wollen Sie Ihrem Kind durch das Vorführen anderer zeigen, was aus ihm werden könnte, wenn es sich nicht genug anstrengt oder nicht auf Sie hört? »Schau mal, der Georg! Antriebsarm und ritalingeschwängert und jetzt schon für ein prekäres Leben am Rande unserer bürgerlichen Konsens-Gesellschaft prädestiniert.« Oder wollen Sie sich vielleicht mit so einem Satz nur selber beruhigen und sich einreden, *Sie* hätten alles richtig gemacht? Dann fragen Sie sich mal, was andere Eltern ihren Kindern wohl über Ihr Kind erzählen. Finden Sie das fies? Dann hätten wir eine Alternative: Nicht Kinder als abschreckende Beispiele vorführen, sondern Eltern, Erwachsene. Das ist zwar auch gemein und ungerecht – aber die haben es dann wenigstens verdient.

Matthias Kalle

24.
Darf ich mich freuen,
wenn Frau und Kind
mal aus dem Haus sind?

Ich hatte mich gefreut, sechs Tage für mich, dann waren sie weg, ich blieb länger im Büro, kam spät nach Hause, räumte auf, hörte laut Musik, legte mich aufs Sofa, vor den Fernseher, aber nur kurz, denn ich hatte zu arbeiten, das war der Deal, deshalb waren sie weg, aber dann schlief ich ein, und um halb fünf am Morgen wachte ich krumm und schief auf.

Krumm und schief. So waren die nächsten fünf Tage, und als sie wiederkamen, war alles gerade. Mit anderen Worten: Ja, freuen Sie sich. Aber freuen Sie sich besser nicht zu früh.

Matthias Kalle

25.
Dürfen Eltern
beim Essen aufstehen
und telefonieren?

Wie häufig sitzen wir in einer normalen Woche zusammen? Richtig zusammen, wirklich alle, mit ein bisschen Ruhe und Zeit für mehr als drei Sätze am Stück? Wie oft? Mit Glück zwei, drei, höchstens vier Mal, meist am Wochenende, wahrscheinlich zum Frühstück und dann noch einmal mittags oder abends, wenn es ein warmes Essen gibt. Sonst ist immer einer unterwegs, oder alle. Bei Besorgungen, im Büro, auf Reisen, in der Redaktion. Die Kinder flitzen zwischen Sport und Chor und Freunden hin und her und wir zwischen Terminen. Morgens schmieren wir im Stehen die Pausenbrote, während die Süßen noch fast im Halbschlaf ihre Toasts kauen, mittags isst eh jeder woanders, und wann sind abends schon mal alle gleichzeitig da? Also bleiben nur ein paar Zeitinseln, nur zwei, drei längere Momente, in denen sich die dauergehetzte Versorgungsgemeinschaft selbst als Kleinfamilie erleben kann. Dann zu sagen, nein, wir gehen nicht ran, wenn das Telefon klingelt, und wir rufen auch niemanden an – das ist kein moralischer Despotismus, keine verstaubte Etikette, auch kein Erziehungsterror. Im Gegenteil, das ist familiäre Notwehr gegen die permanente Zerstreuung. Ein halbstündiges Beharren auf uns selbst.

Und wenn jetzt, gerade jetzt, Mamas oder Papas Chef anruft? Kurzes Zögern, zugegeben, aber die Antwort bleibt gleich: Nein. Nein, nein, nein. Telefonieren können wir auch noch später. Also Stecker rausziehen, Anrufbeantworter an, Handy auf stumm schalten. Und alle zu Tisch!

Heinrich Wefing

26.
Darf ich einem Bettler
nichts geben,
wenn mein Kind dabei ist?

Kinder stellen alles infrage, das lieben wir an ihnen (behaupten wir jedenfalls gern). Uns fasziniert, dass sie in der Lage sind, sich die Welt anders zu denken, als sie ist. Ohne Bettler auf der Straße zum Beispiel.

»Mama, warum gibst du dem Mann, der keine Wohnung hat, kein Geld?« Ich zähle fünf Passanten in Hörweite. Was regen wir uns über Nacktscanner auf, wenn wir Kinder haben, die uns in der Öffentlichkeit entblößen? Ich beginne einen kurzen Vortrag, der mäandert zwischen den Argumenten »Gerade habe ich für Haiti gespendet«, »Gestern habe ich schon dem anderen Mann, der auch keine Wohnung hat, zwei Euro gegeben« und »Ich will nicht, dass der Typ sich von dem Geld ein Bier kauft«. Je länger ich rede, desto schlapper und widersprüchlicher kommen mir meine Argumente vor. Keines davon stellt das Kind zufrieden.

Ich könnte jetzt sagen, dass ich prinzipiell Bettlern nichts gebe, weil ich glaube, dass ihnen anders besser geholfen wäre. Ich könnte den deutschen Sozialstaat erklären, Bismarck und so. Aber ich merke, dass das eine Ausflucht wäre, ich glaube nämlich in Wirklichkeit, dass es anständiger ist, etwas zu geben, als nichts zu geben. Nur: Warum bin ich einmal anständig, ein anderes Mal nicht? Was fällt mir ein, mich zum kleinen König des Alltags zu machen, willkürlich zu entscheiden, ob ich heute Gnade zeige oder nicht? Ich kann meine eigenen Grundsätze wählen, aber kann ich sie zu einer Frage der Laune machen? Und ist es nicht das, was ich von meinem Kind auf keinen Fall will: dass es sich nur nach Lust und Laune an Prinzipien hält? All das geht mir durch den Kopf, während der Bettler weiter vor seinem Pappteller sitzt und die fünf Passanten, zum Glück, ihre Schritte beschleunigen.

»Du hast recht«, sage ich zu meinem Kind, das Bismarck nicht kennt, der den Sozialstaat geschaffen hat, und Sloterdijk nicht, der überlegt, ob der Sozialstaat noch was taugt. Und doch hat mein Kind mehr Ahnung von Moral als jeder Erwachsene, scheint mir in diesem Moment. Weil es den Blick fürs Wesentliche hat: Der Mann ist arm, wir haben Geld. So einfach ist das.

Ich gebe dem Bettler zwei Euro. Und bin dankbar für die Sanftheit, mit der Kinder manchmal uns Eltern erziehen.

Tanja Stelzer

27.
Darf ich dem Kind drohen: »Tschüs, ich geh jetzt«?

Schon als ich noch nicht Vater war, waren das in meinen Augen die albernsten Eltern-Szenen: Väter oder Mütter, die zu ihrem Kind, das nicht mit ihnen irgendwo hingehen will, sagen: »Tschüüüüs! Ich geh jetzt …«, und dabei dann so taten, als würden sie weitergehen, sich nach fünf Metern aber wieder umdrehten und wieder sagten: »Tschüüüüs! Ich geh jetzt … Ich geht jetzt wiiiiirklich …«

Nie, nie, nie sind diese Eltern gegangen, immer, immer, immer haben sie entweder auf ihr Kind gewartet, oder sie sind zurückgegangen, um ihr Kind zu holen, und ich dachte dann immer, dass man, wenn man ein Kind bekommt, möglicherweise seinen Verstand verliert.

Kinder sind ja nicht bescheuert, jedenfalls sind es die meisten nicht, die wissen ganz genau, dass Mama oder Papa nicht alleine nach Hause gehen, erst recht nicht, wenn sie vorher schon einmal so getan haben, als ob. Manche Eltern allerdings scheinen dann doch bescheuert zu sein, anders ist es nicht zu erklären, dass sie diesen Fehler immer und immer wieder machen: so tun, als ob. Zeitersparnis? Gleich null. Lerneffekt: Offenbar auch gleich null. Außer bei den Kindern, die dadurch nur lernen, dass sich ihre Eltern mitten auf der Straße lächerlich machen.

Beachte: Drohe nie eine Strafe an, die du nicht bereit bist umzusetzen.

Matthias Kalle

28.
Darf man
in Anwesenheit von Kindern
bei Rot über die Ampel gehen?

Vor roten Ampeln stehen zu bleiben, obwohl die Straße frei ist, hat den Stellenwert einer Zen-Übung kurz vor dem Zustand der Erleuchtung. Wer es schafft, ist ein Meister der Selbstbeherrschung. Durchschnittsbürger dürfen auch bei Rot gehen – vorausgesetzt, sie schärfen mitlaufenden Kindern ein, aufmerksam zu schauen, ob ein Auto kommt. Am Beispiel der Ampel lernen Kinder so, dass das Einhalten von Regeln allein keine absolute Sicherheit bietet. Wichtiger als die stupide Regel »Bei Rot stehen, bei Grün gehen« ist das Prinzip: Über die Straße laufe ich nur, wenn es ungefährlich ist – ganz gleich, ob bei Grün oder Rot.

Ilka Piepgras

29.
Muss ich meinem Kind
vom Osterhasen
vorschwindeln?

Unbedingt. Kindern in sich schlüssigen Unsinn zu erzählen, zum Beispiel vom Osterhasen, ist eine wunderbare Vorbereitung aufs spätere Leben, eine Vorschule des skeptischen Denkens, der Aufklärung, der Philosophie. Wer eines Tages in seinem Bettchen aufwacht und feststellt, dass er von seinen wichtigsten Vertrauten jahrelang systematisch angelogen wurde, wird sich nie wieder so leicht was vormachen lassen.

Jürgen von Rutenberg

30.
Wie erkläre ich
meinem Kind,
dass es keine Monster
gibt?

Am besten gar nicht. Einem Kind, das sich vor Monstern fürchtet, in wohlgesetzten, vernünftigen Worten, womöglich noch unter Anführung wissenschaftlicher Beweise zu erklären, dass es keine Monster gibt, ist etwa so sinnvoll, wie einem Lungenkrebskranken auf die Schulter zu klopfen und munter zu sagen: »Kopf hoch, wird schon wieder!« In beiden Fällen wird sich der Mensch, der Angst hat, alleingelassen und unverstanden fühlen. Angst ist ein irrationales Gefühl und rationalen Argumenten schlecht zugänglich. Außerdem, wer weiß schon ganz genau, ob es *wirklich* keine Monster gibt? Was es zum Glück gibt, sind einschlägig bekannte Monsterschutzzauber wie Knoblauchketten, Zaubersprüche, Schutz-Talismane und Ähnliches. Oder haben Sie schon mal erlebt, dass sich trotz Monsterschutz ein Monster unter Ihr Bett gewagt hat? Eben.

Tina Hildebrandt

Eltern, Großeltern & Geschwister

31.
Darf Mama
andere Regeln aufstellen
als Papa?

Kinder wissen, dass im Kindergarten andere Regeln gelten als zu Hause (im Zweifelsfall befolgen sie die Kindergarten-Regeln besser als die Zu-Hause-Regeln, der beste Beweis dafür, dass Gruppenzwang eben doch auch was Gutes hat). Wenn Kinder so schlau sind, dass sie die Kindergarten-Situation von der Zu-Hause-Situation unterscheiden können, warum sollten sie dann nicht verstehen können, dass Mama und Papa ebenfalls unterschiedliche Regeln aufstellen?

Was soll daran schlimm sein, wenn das Kind weiß, dass es an einem Mama-Abend länger aufbleiben darf und dass es an einem Papa-Abend mit Glück um das obligatorische Obst nach dem Abendbrot drumrum kommt? Die heimliche Komplizenschaft zwischen Kindern und Eltern dürfte sogar etwas ziemlich Gesundes haben, und eine Familie, in der so etwas nicht vorkommt, stelle ich mir als einen langweiligen Ort vor, um groß zu werden.

Problematisch wird es, wenn die Eltern ihre Regeln als Waffen gegeneinander einsetzen. Wenn sie das Kind auf ihre Seite ziehen wollen, indem sie etwas erlauben, das beim

Partner verboten wäre. Merkt das Kind, was da los ist – und Kinder merken alles –, wird es die Eltern gegeneinander ausspielen. Verlierer in diesem Spiel sind dann die Eltern. Das ist eine unumstößliche Regel.

Tanja Stelzer

32.
Dürfen Mama und Papa vor dem Kind streiten?

Vor einem kleinen Kind darf man nicht streiten. Wenige Regeln sind so einfach zu befolgen wie diese, man braucht dazu nur ein wenig Selbstbeherrschung. Das Kind versteht noch zu wenig von diesen Dingen, es bekommt Angst davor, dass seine Welt auseinanderbricht.

Bei einem Zehn- oder Zwölfjährigen ist es, glaube ich, anders. Diese Kinder wissen, was Konflikte sind und dass es nach einem Streit eine Versöhnung geben kann. Sie erleben es ja auch mit ihren Freunden. Es kommt aber sehr darauf an, wie aggressiv man streitet und ob die Eltern zu Versöhnung in der Lage sind.

Es gibt Schlimmeres, als einen Streit der Eltern anzuschauen. Schlimmer ist es, wenn Vater oder Mutter das Kind nötigen, Partei zu ergreifen, oder es in ihren Streit hineinziehen. Das ist wohl einer der größten Fehler, die man machen kann. Und es nützt auch nichts. Das Kind wird sich in den meisten Fällen mit dem angeklagten Elternteil solidarisieren, und es wird sich vom Ankläger abwenden.

Harald Martenstein

33.
Dürfen Mama und Papa
das Schlafzimmer abschließen?

Eltern, die Grund haben, sich diese Frage zu stellen, dürfen sich glücklich schätzen. Also natürlich: Ja!

Das Kind wird keinen seelischen Schaden davontragen, wenn es einmal die zwei Minuten an einer verschlossenen Tür rüttelt, die seine Eltern brauchen, um Arme, Beine und Bettdecken zu sortieren. Wer meinen Rat nicht beherzigt, muss zur Strafe die Antwort auf die nächste Frage lesen, alle anderen dürfen einmal überspringen.

Tanja Stelzer

34.
Was mache ich,
wenn mein Kind uns
beim Sex erwischt?

Ich hatte als Student ein Seminar in Psychoanalyse. Die Professorin erzählte von der freudschen »Urszene«. Das Hass-Liebe-Dreiecksverhältnis zwischen Vater-Mutter-Kind beginnt in etwa so: Das Kind ertappt die Eltern beim Sex, merkt, dass der Vater etwas mit der Mutter machen darf, das es selbst nicht kann, und fängt an, ihn dafür zu hassen.

Das beeindruckte mich stark, ich meldete mich zu Wort und sagte, ich befürchte, ich hätte keine Urszene gehabt. Ich könne mich nämlich nicht daran erinnern. Die Professorin sagte, ich hätte sehr wohl meine Eltern beim Sex gesehen, diese Erfahrung habe mich aber so erschüttert, dass ich das Ereignis verdrängt habe. Völlig verunsichert sprach ich meine Mutter darauf an. Sie sagte, ich sei als Kind ständig überraschend im Schlafzimmer aufgetaucht. Ich hätte mich aber offenbar nicht sehr um das Geschehen gekümmert, sondern stets mein Anliegen vorgetragen. Die Dinge, die mich beschäftigten, waren mir immer viel wichtiger als die, die meine Eltern beschäftigten.

Wenn das Kind beim Sex plötzlich in der Tür steht, also kurz unterbrechen und freundlich fragen, was es möchte. Der Rest ist dem Kind schnuppe. Dass die Eltern sich so viele Gedanken übers Erwischtwerden machen, liegt vermutlich an Freud.

Tillmann Prüfer

35.
Darf der Vater
der Mutter
vor den Kindern
widersprechen?

Dazu gibt es zwei Denkschulen.

»Auf gar keinen Fall!«, sagt meine Frau.

Und: »So ist das Leben«, sage ich.

Darf die Mutter dem Vater vor den Kindern widersprechen?

Dazu gibt es zwei Denkschulen. »Auf gar keinen Fall!«, sage ich.

Und: »So ist das Leben«, sagt meine Frau.

Es sind eben nicht nur Konsequenz und Kinder, die schwer zusammengehen. Manchmal fängt Inkonsequenz schon bei den Eltern an. Das können Kinder gar nicht früh genug lernen.

Patrik Schwarz

36.
Darf das Kind
den Vater aus dem Elternbett
vertreiben?

Füße im Gesicht, Gesinge, sinnloses Gelalle – eigentlich dachten Sie immer, eine Familie sei etwas anderes als eine WG, aber es gibt tatsächlich diese Nächte, in denen das Elternbett an die Matratzenlager nach einer Party erinnert. Das Kind kann oder will nicht in seinem Bett schlafen, es will zur Mutter, zum Vater, nicht unbedingt zum Schlafen, sondern hin zur Nähe und zur Wärme. Und deshalb können Sie nicht gehen. Sie haben dazubleiben, wo Ihr Kind Sie haben will. Und wenn Sie jammern, dass das alles ganz furchtbar sei, weil Sie übermüdet sind, schlecht gelaunt und überhaupt, dann zitieren wir gerne hier den Satz eines Vaters, der klug und kühn zugleich ist: »Ich schlafe immer am Ende des Monats.« Geht auch. Muss man sich halt immer für ein paar Tage ein Hotelzimmer nehmen.

Matthias Kalle

37.
Wie verhalte ich mich,
wenn mein Expartner
meine Vorstellung von
vernünftiger Kindererziehung
verletzt?

Es hilft nichts: Trennungen sind eine furchtbare Sache, und nicht alle Menschen, die behaupten, sie würden die ihre zivilisiert und vernünftig bewältigen, sagen die Wahrheit. Oft genug lässt die Trennung eben doch ein emotionales

Schlachtfeld der Verletzungen, des Kummers und der Rachegelüste zurück. Es wäre erstaunlich, wenn diese Tatsache das Verhalten der Eltern gegenüber ihren Trennungskindern völlig unberührt ließe. Im Interesse eben dieser Kinder ist es aber nötig, die eigenen Gefühle und Verhaltensweisen genauso kritisch unter die Lupe zu nehmen wie die Erziehungsleistung des Expartners.

Gerade Frauen, bei denen die Kinder ja oft den überwiegenden Teil der Zeit verbringen, neigen dazu, die erzieherischen Beiträge des Vaters besonders negativ zu sehen: Er lässt die Kinder immer zu lange aufbleiben; er turtelt vor ihren Augen mit der Neuen herum; er gibt ihnen ausschließlich Fastfood zu essen; er besticht sie mit nutzlosen bis schädlichen Elektrospielzeugen; er setzt sie stundenlang vor dem Fernsehapparat ab; selbst wenn er ein wackeliger Unterhaltszahler ist, findet er immer noch das Geld für teure Freizeitparkbesuche, was bei den Kindern a) den Sinn für das Mögliche beschädigt und b) bewirkt, dass sie am Sonntagabend überdreht und übellaunig in die neue Woche starten.

All dies ist, wenn es so vorkommt, ärgerlich, und man kann natürlich mit dem Expartner darüber sprechen – und mit den Kindern, denen man (freilich ohne Hass!) erklärt, warum zu Hause andere Maßstäbe gelten als bei Papa. Gleichzeitig sollte man jedoch überprüfen, ob ein Teil der eigenen Aufregung nicht darauf zurückzuführen ist, dass man die Trennung noch nicht verarbeitet hat. Gibt es nicht viele gänzlich ungeschiedene Väter, die ihren Kindern Pommes kaufen? Mütter, die ihnen ein fragwürdiges Fashion-Vorbild sind? Lassen nicht auch liebevolle Großeltern die Kinder manchmal viel zu lange aufbleiben?

Leben die Kinder normalerweise in einem ausgeglichenen, konsequenten Erziehungsumfeld, dann sind Abweichungen von der Regel durchaus zu verkraften. Es geht also darum, unter Abzug aller eigenen Verbitterung jene Grenze im Blick zu behalten, jenseits derer das Verhalten des Expartners wirklich unakzeptabel wird: Wenn Kinder zum Beispiel notwendige Medikamente nicht bekommen. Wenn sie zu spät oder gar nicht in die Schule geschickt werden. Wenn sie in gefährlicher Weise unbeaufsichtigt bleiben. Darüber ist dann die Auseinandersetzung zwingend – mit dem Vater (oder der Mutter), nicht mit den Kindern! Wenn sie folgenlos bleibt, hilft tatsächlich nur noch der Gang zum Mediator oder zum Anwalt.

Susanne Gaschke

38.
Muss das kleine Geschwisterkind die Klamotten des größeren anziehen?

In den unglücklichen Zeiten, in denen Harry Potter sein Dasein in dem Verschlag unter der Treppe der Dursleys fristete, musste er die Klamotten seines älteren Cousins Dudley auftragen. Das war schrecklich für Harry, und trotzdem ist aus ihm noch ein großer Magier geworden.

Was lernen wir daraus? Die Klamotten älterer Geschwister auftragen zu müssen versaut einem nicht gleich die Zukunft. Es ist außerdem manchmal finanziell einfach unausweichlich. Aber es kann demütigend sein, wenn ein Kind gar nichts Eigenes bekommt. Wer seine Tochter in zu große Hosen und verwaschene Sweatshirts mit Baggeraufdruck zwingt, ist ein Muggel. Ein bisschen Magie bringt es in die Sache, wenn man es schafft, dem Kind das Gefühl zu vermitteln, dass nicht die Klamotte zu klein für den Bruder ist

MUSS DAS KLEINE
GESCHWISTERKIND DIE
KLAMOTTEN DES GRÖSSEREN
ANZIEHEN?

und deshalb jetzt an die kleine Schwester weitergereicht wird, sondern dass die Schwester ein Upgrade bekommt, weil sie gewachsen ist – und nun der Kapuzenjacke des älteren Bruders würdig. Die Chancen, dass es klappt, stehen nicht schlecht, denn nichts wollen kleine Mädchen mehr als große Mädchen sein, und mit Jungs ist es nicht anders.

Tanja Stelzer

39.
Darf man
dem kleineren Kind
das größere
als Vorbild vorhalten?

Nur, wenn man die Basis für eine lebenslange Feindschaft zwischen den Geschwistern legen will. Eltern stellen sich ihre Kinder gerne als natürliche Verbündete vor, von denen einer sich den anderen zum Vorbild nimmt. Das gibt es aber nur bei Tick, Trick und Track von Walt Disney. Geschwisterbeziehungen sind nicht nur von Verbundenheit, sondern auch von Rivalität bestimmt. Wer das traurig findet, der sollte sich mal umschauen, wie Geschwister anderer Spezies miteinander umgehen.

Eindrucksvoll zeigt das die Nachkommenschaft des Sandhais. Jeder kleine Sandhai wird als Sippenmörder geboren. Die Jungen fressen sich in den Eileitern des Muttertieres so lange gegenseitig auf, bis nur die stärksten Exemplare übrig bleiben. Die Natur hat die Geschwister nicht aus romantischen Idealen erfunden, sondern weil jede Art den Hang hat, mehr Nachkommen zu produzieren, als unter natürlichen Bedingungen überleben.

Auch Menschengeschwister sind geborene Konkurrenten, instinktiv balgen sie sich um die Anerkennung ihrer Eltern, weil das ihre Existenzsicherung bedeutet. Die Vorstellung, das andere Kind würde von den Eltern mehr geschätzt, weckt Urängste – und entzweit die Geschwister voneinander.

Eltern sollten versuchen, jedem Kind in seiner eigenen Weise gerecht zu werden. Und das funktioniert nur, wenn man die Kinder nicht miteinander vergleicht. Idealerweise bildet sich dann etwas wie Geschwistersolidarität. Was wiederum dazu führt, dass die Kinder sich eines Tages gegen die Eltern verbünden. Aber damit muss man sich erst in der Pubertät herumärgern.

Tillmann Prüfer

40.
Soll das Geschwisterkind auch ein Geburtstagsgeschenk bekommen?

In jungen Jahren ja, wie bei *Pippi Langstrumpf*. Zur besseren Unterscheidung sollte das Geschwistergeschenk anders heißen – Nichtgeburtstagsgeschenk zum Beispiel – und stets ein bis zwei Nummern kleiner ausfallen als das wahre Geburtstagsgeschenk. So viel Ungleichheit muss sein, und sie sollte von Lebensjahr zu Lebensjahr gesteigert werden, bis irgendwann der akute Neid durch die Gewissheit relativiert wird, dass früher oder später jeder mal drankommt.

Jürgen von Rutenberg

41.
Darf ich bei meinen Kindern
über die Großeltern lästern?

Bis zu einem bestimmten Alter vergöttern Kinder ihre Eltern. Sie glauben ihnen jedes Wort und betrachten sie als unfehlbar. Das Urteil von Vater und Mutter steht über dem aller anderen Menschen. Daran sollte man denken, wenn man vor seinen Kindern über die Großeltern lästert: Jedes schlechte Wort wirkt wie ein Giftpfeil. Das Gift breitet sich unmerklich aus und beeinflusst das Verhältnis zu Opa und Oma. Es schürt Voreingenommenheit und verhindert Spontaneität. Kinder fühlen sich schuldig, wenn sie jene Menschen mögen, über die zu Hause schlecht geredet wurde. In der Utopie einer idealen Welt würde man stets wohlwollend von den eigenen Eltern sprechen und sich sogar dazu überwinden, sie zu loben, obwohl einem nicht danach ist. Doch Letzteres erfordert ein Übermaß an Disziplin, denn für uns ist die Zeit, als wir selbst unsere Eltern vergötterten und für unfehlbar hielten, lange und unwiederbringlich vorbei. Aber wenigstens die Klappe zu halten, wenn die Eltern Thema und die Kinder in Hörweite sind, das sollten wir schaffen.

Ilka Piepgras

42.
Darf man Großeltern
freie Hand lassen?

Sind Sie ein kaputter, seelisch derangierter Psychopath geworden? Nee? Und wie kommt das? Haben Sie sich etwa selbst erzogen? Nein? Also: Ja, natürlich!

Matthias Kalle

43.
Muss ich
die Erziehungstipps
meiner Eltern
annehmen?

Wir haben den Eindruck, dass sich heutige Großeltern mit Erziehungstipps doch sehr zurückhalten. Wir wissen nur nicht so ganz, was das bedeutet. Bedeutet es möglicherweise sogar: »Wir haben versagt, wir mischen uns lieber nicht ein, denn es war ja alles falsch!«? Eltern, das haben Sie ja wohl so langsam mitbekommen, sind vor allem eines: stolz auf ihre Kinder. Kaum macht der Sohn oder die Tochter mal irgendwas, kann man sich vor Begeisterung ja kaum einkriegen – und vielleicht wirkt dieser Zustand lange, vielleicht erfüllt Eltern immer noch ein Gefühl von Stolz, wenn sie sehen, wie die Kinder mit ihren eigenen Kindern umgehen. Vielleicht ist das ein Grund.

Doch manchmal sagen sie eben doch etwas (»Ist das nicht zu kalt/zu warm/zu viel/zu wenig/zu schwer/zu spät?«), und meistens formulieren sie damit eine Sorge, eine Sorge um das Enkelkind. Und Sorgen, auch das haben Sie langsam begriffen, muss man ernst nehmen. Deshalb finden wir: Solange Ihre Eltern keine zugekifften Althippies sind oder Hitlerjugend-Nostalgiker – so lange sollten Sie die Erziehungstipps ruhig annehmen. Zumindest so lange, bis die Eltern wieder weg sind.

Matthias Kalle

44.
Müssen größere Kinder
mit zum Familienfest?

Ja, sie müssen, ungeachtet der Tatsache und aller landläufigen Klagen, dass Pubertierende ihre Umgebung wirklich tyrannisieren können mit ihrer miesen Laune und dem ewigen Phlegma. Mit einem widerstrebenden Teenager zur Oma oder zu irgendeinem Onkel-Geburtstag oder irgendeiner Hochzeit im Familienkreis zu fahren wird kein Vergnügen sein, so viel ist sicher. (Einen solchen Horrortrip mit einer übel gestimmten 13-Jährigen hat übrigens höchst überzeugend Scarlett Johansson in ihrer ersten Paraderolle im *Pferdeflüsterer* vorgeführt.)

Doch das Wunder überrascht selbst in dysfunktionalen Familienverbänden immer wieder: In den allermeisten Fällen schaffen es unsere halberwachsenen Kinder einfach nicht, die demonstrativ schlechte Laune den ganzen Tag über durchzuhalten. Irgendwann lassen sie sich doch anstecken von der guten Stimmung und merken, dass sie einfach dazugehören, so wie sie sind. Vorausgesetzt, dass

– an ihrem Äußeren nicht herumgemäkelt oder gelästert wird. Kein Wort von Tante Käthe zu Maries knappem Oberteil, kein dummer Witz von Onkel Michael über Lukas' eigenwillige Haarfarbe oder schlechte Schulnoten. In diesem Alter ist der junge Mensch extrem dünnhäutig und hat Schonung verdient. Darauf könnten die Eltern im Vorfeld hinweisen – wohlgemerkt: im Vorfeld, nicht vor aller Augen und Ohren.

– vorab bitte schön geklärt wird, dass weitere Gleichaltrige erscheinen. Denn die Rolle als Solitär unter 30 ist tatsächlich eine Zumutung in einem schwierigen Alter. Hilfreich ist auch, wenn die Veranstaltung nicht ausschließlich aus einer endlosen Mahlzeit besteht, die nämlich Jugendlichen die beste Ausrede liefert, sich vor Sterbenslangeweile ans Glas zu klammern.

- sich die Eltern, nachdem ihnen der Mitkomm-Wunsch erfüllt wurde, ordentlich erfreut und mit einer kleinen Extra-Verwöhnung erkenntlich zeigen. Und bloß nicht nachkarten, wenn es gut gelaufen ist und alle Spaß gehabt haben – etwa mit einem triumphierenden »Siehst du …!«.

Eins ist übrigens merkwürdig: Ein paar Jahre später werden die ursprünglich vehement abgelehnten Feiern in der Erinnerung zu »irre lustigen« Feten, von denen die Familienfolklore gern zehrt. Wie Onkel Michael am Ende der Autoschlüssel abgenommen wurde oder Tante Käthe um ein Uhr morgens »Yesterday« schmetterte – »Wie cool war das denn!«.

Anna von Münchhausen

Rechte, Pflichten & Respekt

45.
Darf ich
aus Sorge das Tagebuch
meiner Tochter lesen?

Nein. Natürlich nicht.

Ich habe es aber getan. Es tut mir leid. Es wird nicht mehr vorkommen.

Ich habe es aber nicht gesucht. Es lag einfach so herum. Und schließlich: Ich habe mir Sorgen gemacht. Ich hatte das Gefühl, meine Tochter entgleitet mir. Die Schule, die Freunde: Sie erzählt kaum noch etwas. Manchmal ist es, als wäre sie schon ein Stück weit ausgezogen. Und das mit nicht mal 13!

Ich weiß: Das sind wirklich keine tollen Entschuldigungen für eine solche Überschreitung. Aber ich konnte nicht widerstehen. Da war das Tagebuch, mitten auf dem Schreibtisch, in all dem üblichen Kinderzimmerchaos: ein unverhofftes Fenster in die sich zunehmend verschließende Innenwelt eines Teenagers.

Es war mir vollkommen klar, dass das eigentlich nicht geht. Ich las dennoch weiter, wenn auch gewissermaßen nur mit einem Auge. Es gab mir einen Stich, zu sehen, was sich da alles an inneren Stürmen abspielt: ach, die hormongepeitschten Selbstzweifel, der Möglichkeitssinn, die unter Hochdampf arbeitende Ich-Maschine! Es war rührend. Vor

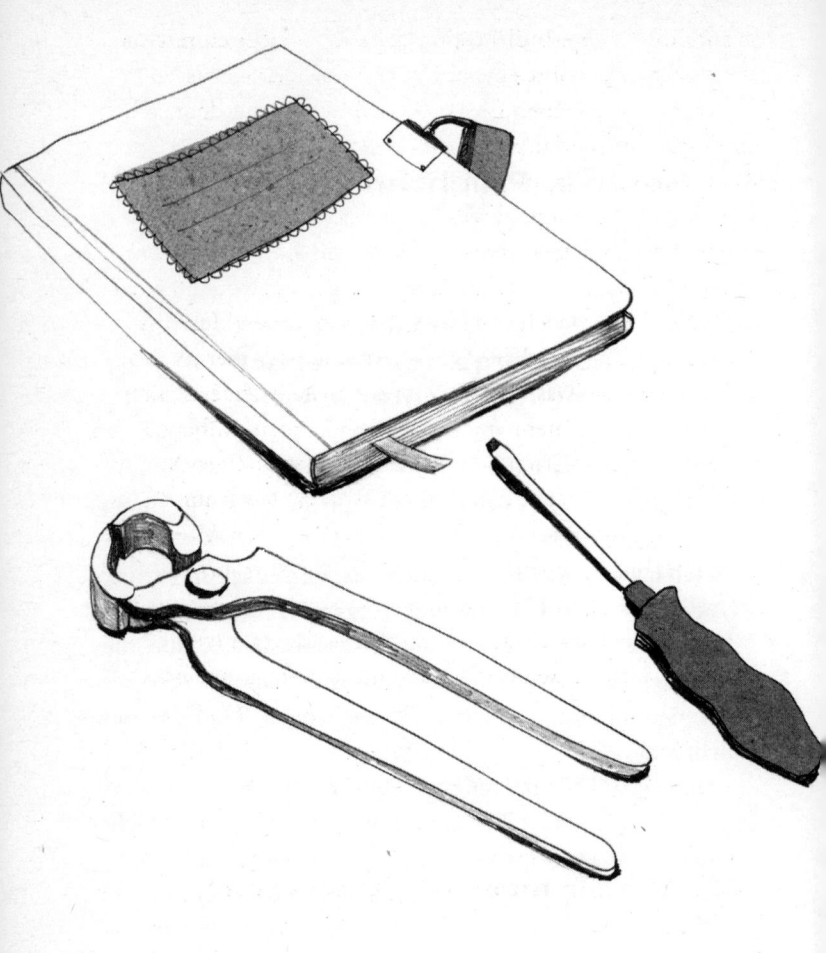

DARF ICH AUS SORGE
DAS TAGEBUCH MEINER
TOCHTER LESEN?

Scham über meine Indiskretion habe ich die Seiten nur so überflogen. Ich wollte eigentlich gar keine Details wissen.

Nachdem ich einen generellen Eindruck von dem sich explosionsartig entfaltenden Innenleben meiner Tochter bekommen hatte, klappte ich das Tagebuch zu und legte es weg. Ich war beruhigt, obwohl – oder gerade weil? – sich da offenbar viel mehr abspielte, als ich mir hätte vorstellen können.

Zugleich wurde ich von heftiger Scham erfasst: Ich hatte das Tagebuch meines Kindes geöffnet und das einer jungen Frau geschlossen. Das war der Moment, in dem ich feststellte, dass ich es nicht mehr mit einem abhängigen Anhängsel meiner selbst, sondern (fast) schon mit einem richtigen Menschen zu tun hatte, mit dem kompletten Anspruch auf Respektierung seiner persönlichen Integrität. Einen Moment lang blieb ich noch sitzen, gerührt, stolz und traurig zu je etwa gleichen Teilen. Ich bin ruhiger seitdem.

Also: Ich bereue, was ich getan habe. Es ist unverzeihlich, das Tagebuch seiner Tochter zu lesen. Aber mir hat es geholfen.

Jörg Lau

46.
Darf ich mein Kind ausfragen?

Für einen Neunjährigen muss das »Wie war's in der Schule?«, das quasi als Begrüßungsformel gesprochen wird, sobald man das Kind abgeholt oder sich mit ihm zum Abendbrot zusammengesetzt hat, etwa das sein, was für einen Mann das »Was denkst du gerade?« seiner Frau ist. Hat irgendwer schon mal erlebt, dass man darauf eine vernünftige und wahrheitsgemäße Antwort bekommen hätte? Zumal wer fragt: »Was denkst du?«, mit traumwandlerischer Sicherheit genau jenen Zeitpunkt wählt, wenn der andere gerade etwas denkt, das er definitiv nicht mitteilen möchte. Auch Kinder, die gerade von der Schule nach Hause kommen, wollen in aller Regel nichts über die Schule erzählen, jedenfalls nicht das, was Eltern interessiert. Wie die Mathestunde war, haben sie längst vergessen (oder wollen es vergessen). Was sie beschäftigt, ist, wer die Fußball-Sammelkarte von Cristiano Ronaldo hat und ob es die Champion- oder die Limited-Edition-Karte ist.

Der tägliche Rechenschaftsbericht über die Erlebnisse in der Schule gehört zu den quälendsten Foltermitteln, die Eltern zur Verfügung stehen. Durch Folter erzwungene Aussagen aber sind nichts wert.

Besser als ausfragen ist: selber erzählen. Vom eigenen Tag, den schönen Sachen, dem Ärger, den Kollegen, der eigenen Arbeit. Irgendwann, vielleicht, erzählt dann auch das Kind.

Tanja Stelzer

47.
Darf ich andere Kinder über mein Kind ausfragen?

Freunde des Kindes auszufragen ist noch schlimmer, als das eigene Kind einer Vernehmung zu unterziehen. Ersparen Sie dem Freund Ihres Kindes diese Respektlosigkeit, und ersparen Sie sie Ihrem Kind. Kinderfreundschaften sind heilig, ein Reich, das geschützt sein muss vor neugierigen Eltern.

Tanja Stelzer

48.
Muss ich protestieren, wenn mein achtjähriger Sohn im Bad ungestört sein will?

Natürlich nicht! Auch Kinder haben ein uneingeschränktes Recht darauf, dass man ihre Privatsphäre und ihre Scham-grenzen akzeptiert, und das gilt für jedes Alter. Auf Zutritt zum Badezimmer gegen den erklärten Kindeswillen dürfen Eltern nur bestehen, wenn das Kind a) so klein ist, dass es sich verletzen, sich irreversibel einschließen oder groben Unfug mit Wasser oder Elektrogeräten treiben könnte, b) die Eltern dringend zur Toilette müssen und keine Aus-weichmöglichkeit haben oder c) der Verdacht besteht, dass im Badezimmer mit illegalen Substanzen hantiert wird. In diesem Fall gilt allerdings wie bei jeder Razzia der rechts-staatliche Grundsatz: Keine Durchsuchung ohne hinreichen-den Tatverdacht und Durchsuchungsbefehl.

Tina Hildebrandt

49.
Darf ich das Handy meines Kindes kontrollieren?

Die Frage ist eigentlich identisch mit dieser: Hat mein Kind ein Anrecht auf eine Intimsphäre, die auch die Eltern zu respektieren haben? Die Antwort kann nur lauten: Selbstverständlich hat es dieses Recht, sobald es selber ein Bedürfnis nach Privatheit hat. Wer seinem Kind ein Handy zugesteht, der hält es für reif genug, mit dieser Kommunika-tionstechnik umzugehen – und muss seine Neugier zügeln. Auch wenn man zu gerne wissen möchte, mit wem der Sohn

SMS austauscht. Zwei Einschränkungen gibt es: Die Eltern dürfen darauf pochen, dass die Kosten im vereinbarten Rahmen bleiben. Und sie haben eine Fürsorgepflicht ihrem Kind gegenüber. Wenn der begründete Verdacht besteht, dass das Kind »schlechten Umgang« hat, etwa mit unbekannten Erwachsenen, müssen sie sogar aktiv werden, um sich Klarheit zu verschaffen. Dann ist auch das Handy nicht tabu. Ansonsten aber gilt das Gebot, die Privatsphäre anderer Menschen zu respektieren, unabhängig vom Alter.

Christoph Drösser

50.
Soll ein Kind gehorchen?

Ihr Kind gehorcht nicht? Ganz schlecht. Der Gehorsam ist gerade wieder sehr in Mode. Nur dass er heute Disziplin heißt oder Konsequenz. Dabei geht kaum etwas so schwer zusammen wie kindlicher Wille und elterliche Konsequenz. Und so sind die Straßen und Einkaufszentren des Landes voller traurig anzusehender Eltern, die an ihren Kindern die Erziehungsratgeber der Saison ausprobieren: Konsequent sagen sie Hü. Und noch konsequenter sagen ihre Kinder Hott. Dann geht erst mal lange Zeit gar nichts mehr. Mein Ansatz ist anders. Ich nenne ihn multioptionale Konsequenz. Es gibt Freunde, die mich dafür verspotten. Aber ich finde, er vereint ganz gut, worum es geht im Umgang mit Kindern: seine Ziele elastisch zu verfolgen, ohne opportunistisch zu sein; sich treu zu bleiben, ohne autoritär zu werden. Denn auch ich bin sehr für Konsequenz, natürlich. Nur manchmal ist mein Kind einfach stärker. Mein Kind ist immer dann stärker, wenn es sehr genau weiß, was es will. Und wenn ich mir meiner gerade nicht so sicher bin. Das kommt häufiger vor, als ich früher gedacht hätte. Für diesen Fall halte ich mir einen Ausweg offen, das ist multioptionale Konsequenz: eine zweite Lösung, einen Umweg, ein Ersatz-Ziel. Damit ich nicht ganz geschlagen vom Platz gehe. Ein 1:1 zwischen Eltern und Kind ist heutzutage schon ein Sieg. Für die Eltern.

Patrik Schwarz

51.
Darf ich
mit meinem Kind
zur Strafe nicht reden?

Jemanden über Stunden, vielleicht sogar Tage bewusst nicht wahrzunehmen und so zu tun, als sei er Luft, ist ebenso grausam, wie körperliche Gewalt auszuüben.

Natürlich – es kann helfen, in großer Wut erst mal die Luft anzuhalten und draußen vor der Tür bis zehn zu zählen, bevor ein Streit völlig aus dem Ruder läuft. Zugegeben – auch das Kind für kurze Zeit aus dem Zimmer zu schicken, damit es sich beruhigt und nachdenkt, muss nicht verkehrt sein. Aber solche Auszeiten dienen vor allem der Abkühlung. Und außerdem dazu, das Erklären, das Trösten, das Sich-Entschuldigen, das Miteinander-Sprechen, das gegenseitige Verstehen schnell wieder möglich zu machen.

Absichtsvolles Schweigen aber ist Beziehungsverweigerung auf Zeit, ist Liebesentzug und eine ganz und gar untaugliche Strafe aus der schwarzen Pädagogikkiste. Denn da missbraucht ein Erwachsener, der es besser wissen müsste, seine emotionale Macht und sorgt dafür, dass ein Kind, das ihn braucht, sich ohnmächtig, wertlos und ungeliebt fühlt. So sollte sich niemand je fühlen müssen.

Wer seinen Sohn oder seine Tochter auf diese eiskalte Weise zum Gehorsam zwingen will, offenbart nichts als eigenes Unvermögen beim Lösen von Konflikten.

Dabei ist es ganz einfach: Zuhören hilft – Schweigen schadet.

Iris Mainka

52.
Ab wann muss ich am Kinderzimmer anklopfen?

Am besten von Anfang an, dann kommt die Frage gar nicht erst auf. Und wenn doch? Es soll ja Situationen geben, in denen man selbst, nun ja, nicht unbedingt gestört werden will. Zum Beispiel beim Geschenkeeinpacken vor Weihnachten. Also: Wenn ich nicht will, dass mein Kind einfach so in mein Zimmer hereinplatzt, dann muss auch ich anklopfen, wenn ich ins Kinderzimmer will. So einfach ist das. Und so kompliziert. Denn von meinem Sohn zu verlangen, dass er anklopft, macht ja nur Sinn, wenn er dann auch in der Lage ist, nach dem Anklopfen die Tür aufzumachen. Anklopfen ohne hineingehen zu können ist Blödsinn. Und das wiederum heißt: Die Anklopfregel gilt ab dem Zeitpunkt, ab dem mein Kind so groß ist, dass es eine Türklinke herunterdrücken kann. Wenn nicht von Anfang an, dann zumindest: ziemlich früh.

Marc Brost

53.
Soll ich meinem Kind
ein Haustier erlauben?

Als ich ungefähr sechs war, wünschte ich mir sehnlichst ein weißes Kaninchen. Alle meine Freunde hatten Haustiere, die süß und kuschlig waren. Ich hatte das Gefühl, für etwas Lebendiges zu sorgen, wäre wie ein erster Schritt in Richtung Erwachsensein. Aber meine Eltern sagten auch nach langem Betteln Nein. Zu viel Arbeit, zu viel Verantwortung, und was wäre, wenn wir mal wegführen? Also schmiedete ich ein Komplott mit meiner Tante. Sie sollte ein weißes Kaninchen kaufen und es einfach vor unserer Wohnungstür platzieren. Ich würde dann die Tür öffnen, ganz erstaunt tun, und meine Eltern würden es nicht fertigbringen, das Kaninchen wieder wegzugeben. Alles war perfekt geplant. Dann beging meine Tante einen folgenschweren Fehler und erzählte meiner Oma von unserem Vorhaben. Und meine Oma erzählte es meiner Mutter. Aus dem Kaninchen wurde nichts.

Obwohl mir meine Eltern wirklich sehr viel erlaubt haben, ist mir dieser unerfüllte Wunsch bis heute im Gedächtnis geblieben. Vielleicht, weil ein Haustier dafür steht, Verantwortung zu übernehmen. Sich um etwas kümmern zu müssen heißt, »groß zu sein«. Eltern, die ihrem Kind ein Haustier erlauben, trauen ihm etwas zu. Meine Tochter ist noch zu klein, aber wenn sie sich eines Tages ein Haustier wünscht, dann wird sie eins bekommen. Obwohl ich jetzt ähnlich wie meine Eltern damals denke: Zu viel Arbeit, zu viel Verantwortung, und wohin damit, wenn wir verreisen?

Jana Simon

54.
Ab wann muss
mein Sohn seine Wäsche
selbst bügeln?

Ich bin bei meinen Großeltern aufgewachsen, und sosehr ich sie beide geliebt habe, so sehr habe ich es gehasst, wenn meine Oma meine Jeans bügelte. Sie bügelte tatsächlich eine Bügelfalte hinein. Das ging nicht lange so, denn spätestens nach der Schulhofschlägerei, die ich begann, als mich andere wegen meiner Hose verspotteten, hatte auch meine Oma ein Einsehen. Sie bügelte meine Jeans ohne Bügelfalte. Dann bügelte sie sie gar nicht mehr.

Ich finde es gut, wenn ein Mann bügeln kann und wenn er weiß, in welche Kleidungsstücke eine Bügelfalte gehört und in welche nicht (alles andere wäre für meinen Sohn später mal ein ziemlicher Wettbewerbsnachteil). Ich finde es nicht gut, wenn mein Sohn sich wegen Falten in seiner Hose (die er vielleicht gar nicht will) auf dem Schulhof schlagen muss. Also wird er seine Wäsche später einmal selbst bügeln dürfen. Ich würde sagen: ab 14.

Marc Brost

55.
Ab wann muss
ein Kind kochen
lernen?

Sobald es einen Kochlöffel halten kann (und es die Nerven der Eltern mitmachen). Kuchenteig kneten mit zwei, Suppe rühren mit drei, Gemüse schnippeln mit vier, Rührei braten mit fünf.

Wenn man sehr viel Glück hat, wird das Kind dann ein guter Esser, der Suppe mag, Gemüse und Rührei (wenn man Pech hat, siehe Frage Nummer 69: »Soll man Kinderessen kochen?«). Sehr wahrscheinlich aber wird das Kind, fast noch wichtiger, ein guter Gastgeber. (Und natürlich gehört zum Kochen das Einkaufen, das Spülen und, vor allem, das Tischabräumen. Mit anderen Worten: Es gehört dazu der Respekt vor dem Essen und vor der Arbeit. Wer früh kochen lernt, kann also kein ganz schlechter Mensch werden.)

Tanja Stelzer

56.
Muss das Kind aufessen?

Wenn man will, dass das Kind Angst vor Essen bekommt: ja. Ansonsten gilt, dass in einer halbwegs anständigen, normalen Familie Kinder nicht verhungern. Kinder essen, wenn sie hungrig sind – und sie essen nicht, wenn sie satt sind oder ihnen etwas nicht schmeckt. Müssen Sie denn eigentlich immer alles aufessen? Sehen Sie.

Matthias Kalle

57.
Wie lange bestimmt man, ob ein Kind weiter zum Sport oder zur Musik geht?

Seien Sie ehrlich: Stellen Sie sich manchmal Ihre Tochter hübsch gekämmt am Klavier vor, vertieft in eine Nocturne von Chopin? Ihren Sohn wild und durchtrainiert als Torjäger beim Rugby? Oder die Tochter als siegreiche Springreiterin? Und den Sohn mit Saxofon lässig in der Schulband? Klar, alles Klischees. Noch dazu nicht geschlechtsneutral. Vielleicht träumen Sie ja auch vom coolen Mädchen in Eishockeymontur, vom sensiblen Jungen, der Balladen ins Mikro haucht. Auch das sind Klischees, Gegen-Klischees. Wie auch immer: Eltern sind furchtbar anfällig für Wunschbilder im Kopf, und es braucht schon ein bisschen Selbstreflexion, um sich der eigenen Motive bei der Förderung der Kinder bewusst zu werden. Und auch dann sind die Bilder nicht immer zu bannen. Die stecken drin.

Falls die Tochter jede Woche froh zum Cellounterricht radelt, ist ja alles gut. Idealerweise hat sie sich das Instrument selbst ausgesucht und macht nun ganz nebenbei die prägende Erfahrung, dass Üben was bringt. Aber warum will der Sohn nicht wenigstens ausprobieren, wie viel Spaß das Klavierspielen macht? (Dabei steht Omas dickes Schwarzes seit Jahren ungenutzt im Wohnzimmer, und war es nicht immer schön, wenn wir an Weihnachten drum herum standen, einer spielte, der Rest sang?) Und warum gehen die ballbegabten Zwillingsschwestern zwar gern zum Tennistraining, weigern sich aber, bei Turnieren mitzuspielen? (Dabei wären sie im Doppel unschlagbar!)

Wollen Sie meine ehrliche, angreifbare Meinung hören? Es gibt, erzieherisch gesehen, tatsächlich nicht viel Sinnvolleres, als ein Kind Musik machen und Sport treiben zu lassen. Also setzen Sie ALLES dran, damit es klappt! Aber nicht verbissen. Lieber angebotsorientiert. Verhandlungsbereit. Selbstkritisch. Bauen Sie auf Neugier und die Ansteckungskraft im sozialen Umfeld – also vielleicht auf eine Schule mit Klassenorchestern. Auf die tolle Fußballmannschaft. Oder das Volleyballteam. Und nehmen Sie es nur ein bisschen übel, falls Ihre Ziele scheitern.

Denn mit dem Bestimmen ist das so eine Sache. Wenn

ein Kind schon klar sagt, dass es nicht mehr zum Turnen, zum Tennis, zum Klavierunterricht will, ist die Angelegenheit längst auf der falschen Schiene. Von da an geht es nur noch ums Durchhalten. Der Machtkampf ist da, der Spaß weg – oder wird zumindest von dem schlechten Gefühl überlagert, zu etwas gezwungen zu werden. Ich wünsche niemandem eine Zwölfjährige im Haus, die mit demonstrativer Protesthaltung Geige übt!

Dann schenken Sie ihr zum 13. Geburtstag lieber eine Gitarre.

Iris Mainka

58.
Was mache ich, wenn das Kind ein fremdes Zimmer verwüstet?

Wenn das Kind noch klein ist, sind die Eltern meist in der Nähe, wenn es fremde Räumlichkeiten zerstört. Man sollte den Nachwuchs dann tadeln, sich wenigstens symbolisch an den Aufräumarbeiten beteiligen – und froh sein, dass es nicht das heimische Kinderzimmer ist. Dass Kinder Zerstörungen anrichten, ist ganz normal. Sie hören damit auch nicht auf, wenn die Eltern später nicht mehr in der Nähe sind. Dann sollte man einfach eine gute Haftpflichtversicherung haben.

Tillmann Prüfer

59.
Ab wann
soll mein Kind
im Haushalt mithelfen?

Sobald ein Kind sie spüren kann, diese Glückseligkeit des Helfenden. Wir stehen heute ja nicht mehr in Verdacht, unsere Kinder durch Arbeit auszuplündern. Stattdessen haben wir sie arbeitslos gemacht. Bestenfalls aus Liebe – oft aber aus Eile, Gedankenlosigkeit oder gar Geringschätzung, wenn wir ehrlich mit uns sind. Welche Mutter, welcher Vater hat sich nicht schon bei einem Satz erwischt wie »Das kannst du nicht«, »Das dauert mir zu lange«, »Ich mach's schnell lieber selbst« – und dann nur den Kühlschrank eingeräumt?

Wir sollten unseren Kindern deshalb wieder helfen, helfen zu lernen. Und das nicht nur aus rationalen Gründen, ihrer Zukunft wegen, als Wundermittel gegen aufkommenden Egoismus, für WG-Tauglichkeit und Lebenstüchtigkeit. Sondern weil wir ihnen ansonsten andauernd eines der schönsten Gefühle überhaupt versagen: Zugehörigkeit. Was ist ein Lob für das achtzigste Bild aus dem Kindergarten gegen das Lob für einen mit viel Geklimper und Gekleckere gedeckten Tisch? Wie viel Männlichkeit mag ein Vierjähriger empfinden, wenn er mit dem Vater Hecken schneiden darf? Wie viel Unersetzlichkeit beim gemeinschaftlichen Unkrautzupfen (auch wenn ein paar Krokusse bei draufgehen)? Wie viel Gemeinschaftsgefühl, wenn alle Hände den Pizzateig durchkneten durften?

Es gibt mühsam terminierte Spieleabende, zähe Nachmittage im Zoo, teuer bezahlte Wochenendurlaube mit Kanutour und Lagerfeuer. Und nichts davon reicht heran an diesen einen Augenblick, in dem wir unseren Kindern erlauben, mit einem scharfen Messer die Möhren zu schneiden. Zum ersten Mal in ihrem Leben. Und zum ersten Mal in unserem. Wenn wir Eltern ihnen das verwehren, ist das unterlassene Hilfeleistung.

Henning Sußebach

60.
Soll ich
meiner Tochter sagen,
dass ich ihren Freund
nicht mag?

Nein, *so* sollte man das nicht sagen. Der Schaden, den verletzende Direktheit anrichten kann, ist es nicht wert. Pädagogischer Humor und Diplomatie – »Endlich kommt jemand ins Haus, der mich altes Eisen vor der Einrostung bewahrt« – sind hier eher gefragt, für den Fall, dass mir der Freund einfach nicht liegt. Falls er sich meiner Tochter gegenüber dauerhaft garstig benimmt, wäre allerdings eine ehrliche Bemerkung angebracht. Wie bei engen Freunden auch.

Ursula März

61.
Darf ich meinem Kind
einen Freund nehmen?

Erste Antwort: Nein. Denn Freundschaft ist eine Expedition in die große Welt. Im Freund macht das Kind die Erfahrung, dass es außerhalb der Familie viel zu entdecken gibt – und entdeckt damit sich selber. Das ist der erste Schritt zum

Ausgang aus der unverschuldeten Unmündigkeit (um Kant zu variieren). Zweite Antwort: Ja. Mit wem unser Kind Umgang hat, kann uns nicht gleichgültig sein. Eines Tages brachte unsere zehnjährige Tochter eine Schulfreundin mit nach Hause, die uns auf Anhieb missfiel. Hübsch war sie zweifellos, aber sie hatte etwas Frühreifes, auf unklare Weise Verschlagenes, schien sich in Dingen auszukennen, die Kinder dieses Alters lieber noch nicht kennen sollten. Eben das zog unsere Tochter an. Ein direktes Verbot wollten wir nicht aussprechen, aber wir versuchten, mit ihr darüber zu reden. Nicht ganz ohne Erfolg, doch der Konflikt wurde erst dadurch entschieden, dass das Kind die Schule verließ. Es kam, wie wir nach und nach erfuhren, in der Tat aus verwahrlosten Verhältnissen. Dass Hänschen klein in die weite Welt hineinmuss, schien uns klar, aber eben nicht, wie es im Lied heißt, ganz allein. Deshalb sollten Eltern darauf achten, mit wem ihr Kind befreundet ist, und wenn es das spürt, diese Beobachtung, die auch mit Achtung verbunden sein muss, dann wird es größere Fehlgriffe bei der Freundeswahl vermeiden können. Ganz sicher ist das nicht – aber was im Leben wäre sicher, schon gar bei Kindern?

Ulrich Greiner

62.
Soll man
den besten Freund des Kindes
mit in den Urlaub nehmen?

Wenn man den Freund beziehungsweise die Freundin gut kennt und er oder sie das Windelalter hinter sich hat: warum nicht? Wenn die Eltern des Freundes ihr Kind genauso zur Selbständigkeit erzogen haben wie man (hoffentlich!) selbst, dann ist die Wahrscheinlichkeit groß, dass der Urlaub entspannter wird, erlebnisreicher für die Kinder und ruhiger für die Eltern.

Nicht vergessen sollte man, mit dem mitreisenden Kind und seinen Eltern vor der Abfahrt ganz offen über ein paar Dinge zu sprechen: über Schlafenszeiten, den Abwasch und darüber, was jeder zum Urlaub beisteuert. Wie wichtig das ist, wurde mir schmerzhaft klar, nachdem Jan, eines von gefühlt 20 fremden Kindern, die wir im Lauf der Jahre mit nach Menorca genommen haben, zum gemeinsamen Urlaub eine verdammt schwere Reisetasche mit zum Flughafen gebracht hatte. Die vier Kilo Übergepäck kosteten uns 80 Euro. Erst beim Auspacken im Ferienhaus stellte sich heraus, dass Jan vier Ein-Kilo-Gläser Nutella dabeihatte. Unser Sohn Lukas hatte seinem Freund erzählt, wir würden da immer »so ein einheimisches Zeug« kaufen. Kein richtiges Nutella. In diesem Urlaub aber aßen wir die wohl teuerste Nuss-Nougat-Creme aller Zeiten.

Wolfgang Lechner

Körper, Geist & Seele

63.
Muss ich
als Schwangere meinen Bauch
betatschen lassen?

Der schwangere Bauch wird im Allgemeinen als öffentliches Gut angesehen, vorzugsweise von kinderlosen Männern im mittleren Alter.

Eines Morgens, der Bauch ist schon ziemlich rund, kommt einer meiner vielen Chefs in mein Büro und sagt »Darf ich mal?«, als wollte er mal kurz vorbei. Schon bin ich im Schwitzkasten, seine Hände über meine Kugel gespannt, der Chef strahlt, das Kind boxt, ich schweige.

Letzteres ärgert mich noch heute.

Also jetzt an alle Männer: Berühren verboten. Das darf nur Papa.

Tanja Stelzer

64.
Was mache ich,
wenn meine Tochter
eine Schönheits-OP will?

Jeder, der geboren wird, bekommt eine Lebensaufgabe gestellt. Sie lautet: Finde raus, wer du bist. Und komme damit klar.

Jeder, der Vater oder Mutter wird, bekommt ebenfalls eine Aufgabe gestellt, die lautet: Finde raus, wer dein Kind ist. Und sorge dafür, dass es das Beste draus macht.

Das Beste aus sich machen, körperlich gesehen – wie weit darf das Kind, das erwachsen wird, dabei gehen? Kleine Spritze? Bisschen schnippeln? Absaugen? Polstern? Jeder Mensch, der halbwegs vernünftig denkt, wird das seinem Teenager verbieten. Weil Teenager eh nie zufrieden mit sich sind. Weil sie lernen sollen, dass es auf die inneren Werte ankommt. Weil das sowieso nur Prolls machen. Und weil morgen die Mode schon wieder eine andere sein kann und dann die Implantate wieder rausmüssen. Schon klar.

Nur: Wo ist genau die Grenze? Warum wird ein Teenager, dem die Eltern verbieten, sich die Lippen aufspritzen zu lassen, von ebendiesen Eltern zum Kieferorthopäden geschickt? Zumal Botox seine Wirkung nach zwei, drei Monaten wieder verliert, die gerichteten Zähne aber (hoffentlich) bleiben?

Es gibt eine unendliche Geschichte der Grausamkeiten, die sich Frauen angetan haben, um dem Schönheitsideal ihrer Zeit zu entsprechen. Gegen die Mieder des Barock, die Rippen brachen und Lebern quetschten, gegen Messingringe, die dazu dienten, die Hälse der Giraffenfrauen aus Birma zu strecken, gegen die Bandagen, die den Füßen chinesischer Mädchen die Form von Lotusblüten geben sollten und sie einfach nur verkrüppelten – gegen all das sind ein paar Silikonpolster wahrscheinlich noch ziemlich harmlos.

Warum ich trotzdem versuchen würde, meiner Tochter eine Schönheitsoperation auszureden? Weil ich glaube, dass einem Teenager, der sich eine andere Nase, einen anderen Busen, andere Lippen wünscht, der Satz »Deine Nase, die bringen wir in Ordnung« nicht wirklich guttut. Weil dieser Satz indirekt sagt: Du hast recht, an deiner Nase ist was falsch.

Es gibt Dinge, die man nicht richten lassen kann. Dazu gehört mangelndes Selbstbewusstsein. Dagegen schützt zum Beispiel das Gefühl, dass man geliebt wird, so wie man ist.

Tanja Stelzer

65.
Was mache ich,
wenn mein Kind
sich zu dick fühlt?

In der Kindererziehung besteht gelegentlich die moralische Pflicht zur Lüge. Hat ein kleines Mädchen dicke, plumpe Beine, muss man ihm von klein auf einreden, dies seien die schönsten Beine der Welt. Hadert ein Junge mit seinem Körperbau, gilt es gleichsam engagiert gegenzusteuern.

Wer als Kind nicht lernt, seinen Körper zu lieben, dem wird es auch als Erwachsener nicht gelingen. Fühlt sich ein Kind also zu dick, steht eine Menge auf dem Spiel: Die frühe Unsicherheit wächst sich unter Umständen zu einem lebenslangen Komplex aus.

Was kann man tun? In den ersten Jahren: Loben Sie den Babyspeck Ihres Kindes! Danach: Üben Sie niemals Druck aus, Gewicht zu verlieren. Erklären Sie allenfalls behutsam, wie man erst gar nicht dick wird: Süßigkeiten, Chips und Weißbrot nur als Ausnahme, Essen nur zu den Mahlzeiten und nicht dazwischen, viel Sport, wenig Fernsehen.

Diese Regeln gelten übrigens, leider, auch für Erwachsene.

Ilka Piepgras

66.
Was mache ich,
wenn mein Sohn
eine Ganzkörperenthaarung
will?

Wenn Sie Ihren Sohn verprügeln, könnten Sie dafür ins Gefängnis kommen – was gibt es also noch für Möglichkeiten? Sich mal zusammen an den Tisch setzen und über das Wesen der Körperhaare an und für sich sprechen? Bringt wahrscheinlich auch nichts, denn das hier ist ein Thema, das die Generationen trennt – und zwar so massiv, dass eine Verständigung – oder gar Verständnis – kaum zu erlangen ist.

Körperhaare sind nichts mehr wert. Für die Jugend sind das Fusseln, die da nicht hingehören, wo sie doch eigentlich friedlich wachsen könnten. Woher das kommt? Egal, das ist so, es scheint ein Trend zu sein, der sich in den vergangenen Jahrzehnten stetig weiterentwickelt hat. Denn wenn Sie sich bitte mal erinnern: Damals, als Sie 14 waren und im Sommer das Mädchen mit den behaarten Beinen sahen – wie fanden Sie denn das? Und trotzdem waren Sie ein paar Jahre zuvor noch in Nena verliebt, die sich noch nicht mal die Haare unter den Armen entfernt hatte. Vielleicht hatte das ja einen Grund, vielleicht hatte es keinen, jedenfalls braucht Jugend ja selten Gründe für irgendwas, und es führt auch sicherlich nirgendwohin, wenn man ein Gespräch beginnt über die durchaus nützlichen Funktionen der Körperbehaarung.

Vielleicht erinnern Sie sich aber auch noch daran, als Sie sich zum ersten Mal rasieren wollten und Ihre Eltern mit einer Lupe nach dem Grund dieses Wunsches suchten. Den Körper zu gestalten, nach dem eigenen Willen, nach den eigenen Idealen und vor allem: nach den wechselnden Moden – das sollte ein Vater doch, wo es chirurgischer Ein-

griffe nicht bedarf, mit einem behaarten Achselzucken hin-
nehmen. Der Junge soll aber selber zusehen, wie er sich der
Fusseln entledigt. Und selber zahlen soll er den Unsinn
sowieso.

Matthias Kalle

67.
Darf ich meiner Tochter
verbieten, in der Schule
zu viel Dekolleté zu zeigen?

Die Dekolleté-Frage ist natürlich mit äußerster Delikatesse
zu behandeln. In meiner Zeit wurden Schülerinnen ja noch
zum Umziehen nach Hause geschickt, wenn die Bluse zu
durchsichtig war. Das fanden wir spießig. Wir waren damals
ja auch der Ansicht, dass Büstenhalter kleinbürgerlich sind,
und dachten uns nichts dabei, nach Schulschluss im Wannsee vor den Augen der Ausflugsdampfergäste nackt baden
zu gehen. Und nun sitzen wir am Frühstückstisch und fragen die Tochter, ob sie sich über diesen megatiefen Aus-
schnitt nicht mal einen schönen Schal machen könnte, und
schämen uns ein bisschen dabei. So weit ist es mit uns gekommen.

Andererseits: Soll denn jeder Kerl der Tochter auf den
Busen starren? Das Kind ist damit womöglich überfordert
und der Busen größer als der Verstand. Also doch lieber der
Brustverhüllungsvorschlag. Was bei den einen das Kopf-
tuch, ist bei uns inzwischen das Brusttuch. Ganz ohne Tuch
geht in der Töchtererziehung offenbar nichts. Was ganz
zwanglos zur nächsten Frage führt.

Iris Radisch

68.
Darf man nackt
vor seinem Kind
aus dem Bad
kommen?

Hier gehen Eltern- und Kinderinteressen weit auseinander. Grundsätzlich möchte man sich doch in seiner eigenen Wohnung so tuchlos wie nur möglich aufhalten dürfen. Zumal man ja diese Nacktbadevergangenheit im Wannsee hat. Im heutigen Familienleben ist es jedoch so, dass die Töchter sich zwar tief dekolletiert, aber niemals hüllenlos ins Bad begeben und überhaupt bei den jungen Leuten alles wieder ein bisschen so zugeht wie in der Zeit, als die Frau dem Mann erst bei der Totenwäsche zum ersten Mal die Hosen runterzog.

Ein neuer Generationenkonflikt zeichnet sich ab. Den Töchtern ist die Badetuchlosigkeit der Mutter ein Dorn im Auge. Die Mutter fürchtet um ihre freikörperkulturellen Veteranenfreuden. Hier ist guter Rat gefragt. Meiner wäre: Hart, also nackt bleiben. Tuch und Tuchlosigkeit müssen sich in der Töchtererziehung abwechseln.

Iris Radisch

69.
Soll man
Kinderessen
kochen?

Ich fühle mich in dieser Frage sehr kompetent, denn ich habe da so ziemlich alles falsch gemacht. Deshalb weiß ich jetzt jedenfalls, wie es nicht geht.

Jahrelang habe ich für meine Kinder Fischstäbchen gebraten und Milchreis gerührt, das gedünstete Gemüse nur ganz schwach gewürzt, meiner Tochter ihre Abneigung gegen die Farbe Weiß durchgehen lassen (Kein Joghurt! Kein Quark! Kein Käse!) und meinem Sohn die Aversion gegen die Farbe Grün (Keine Gurke! Kein Salat! Keine Erbsen!). Da die Schnittmenge derjenigen Dinge, die meine Tochter mochte, und derjenigen, die mein Sohn mochte, quasi null war, kochte ich an einem normalen Wochenendtag dreifach: einmal für die Tochter, einmal für den Sohn und einmal für uns Eltern, die wir uns kein Leben als Fischstäbchen- oder Milchreisesser vorstellen konnten.

Ich habe mit diesem Wahnsinn aufgehört, als ich O. kennenlernte. O. war in seinem früheren Leben Koch. Als seine Kinder auf die Welt kamen, hat er dekretiert: Bei uns gibt's kein Kinderessen. Er hat einfach weitergekocht wie vorher. Zander mit Schäumchen, Rote-Bete-Salat mit Nüssen, Tatar mit Kapern.

Seine Kinder essen alles. Grünes, Weißes, Scharfes, sogar Salat.

Und meine? Ich bin dazu übergegangen, ihre Einwände zu ignorieren. Meine neue Regel lautet: Gegessen wird, was auf den Tisch kommt, jedenfalls irgendwas davon. Und wenn ihr Abendessen aus einem Teller Kartoffeln besteht, auch gut. Und wenn sie keinen Hunger haben, von mir aus, so schnell verhungern sie nicht. Was soll ich sagen – seitdem wir es so machen, haben die Kinder ihr Farbspektrum erweitert.

Tanja Stelzer

70.
Ab wann kann ich
mit meinem Kind
über Liebeskummer sprechen?

Dann, wenn das Kind nach Rat fragt. Oder man zumindest das sichere Gefühl hat, sich mit der Partnerberatung nicht aufzudrängen. Vielen Eltern fällt es schwer, ihr Kind in das Erwachsenwerden zu entlassen. Wenn aber der Nachwuchs heiße Liebe für jemand anderen empfindet als Vater oder Mutter, ist es an der Zeit, langsam den Rückzug anzutreten. Eltern mögen wissen, was ein Kind als Kind braucht. Was es als Beziehungspartner nötig hat, wissen sie nicht. Herausfinden müssen Sohn oder Tochter es alleine. So ist das mit der Liebe.

Es gibt natürlich auch den Fall, dass Eltern mit ihren Kindern den eigenen Liebeskummer besprechen möchten. Hier gilt: Klappe halten! Wer von seinem Kind verlangt, bester Kumpel oder Therapeut zu sein, überfordert es. Gehen Sie zum Heulen aufs Klo und nicht ins Kinderzimmer!

Tillmann Prüfer

71.
Darf ich
meinem Kind zeigen,
wenn ich vor etwas Angst habe?

Ich habe eine einigermaßen spektakuläre Phobie vor Mäusen und Ratten, und eigentlich hatte ich den Vorsatz, sie vor den Kindern geheim zu halten. Ich dachte, es könnte sie irritieren, wenn sie ihre Mutter so schwach sehen, ich dachte, es würde ihnen ihre eigene Sicherheit und Geborgenheit nehmen.

Irgendwann, als ich die Kinder wieder mal in den Schuppen schicken wollte, um irgendein Gartenwerkzeug zu holen, hat mich der Vater verpfiffen. Ich tröstete mich dann mit dem Gedanken, dass die Sache nun doch eine gute Gelegenheit sein könnte, die Empfindsamkeit meiner Kinder zu schulen. Jetzt werden sie eben supersensibel, die Kinder, die Erfahrung der Schwächen anderer wird sie zu emotional reiferen Menschen werden lassen, dachte ich. Es wird ein Turbolader für ihr Selbstbewusstsein sein, dass sie von nun an im Bewusstsein in den Schuppen gehen, etwas zu tun, wovor ihre Mutter sich ängstigt.

Das mit dem Turbolader bewahrheitete sich, der Rest kam dann leider anders. Sie gehen für mich überhaupt nicht mehr in den Schuppen. Und dabei haben sie eine Menge Spaß. Ich lernte: Die Empathiefähigkeit von Kindern, jedenfalls bis weit hinein ins Grundschulalter, ist absolut begrenzt. Das sollte wissen, wer Kindern seine Ängste zeigt.

Tanja Stelzer

72.
Darf ich
vor meinem Kind weinen?

Tränen der Rührung sind erwünscht, Tränen der Wut erlaubt, Tränen der Trauer notwendig. (Schon mal aufgefallen? In Deutschland geht kaum eine Familie mit kleinen Kindern zur Beerdigung, man tut so, als sei der Tote einfach weg.) Tränen des Kindes wegen sollte man möglichst nur weinen, wenn das Kind nicht dabei ist.

Tanja Stelzer

73.
Soll ich meinen Kindern von meinen geplatzten Träumen erzählen?

Träume, die platzen – dazu gehören meist zwei, der Traum und sein Träumer. Sich einzugestehen, dass man einem (sei es eitlen, fixen oder einfach unpassenden) Traum angehangen hat, ist nicht leicht. Ich kannte einmal einen Mann, der sich damit herumschlug. Und irgendwann berichtete er mir ganz stolz von der äußerst innigen Beziehung zu seinem Sohn – der damals vielleicht acht Jahre alt war. Ihm erzähle er alle seine Probleme. Es sei so toll, wie gut er sie mit seinem kleinen, klugen Jungen besprechen könne. Hinterher sei ihm dann leichter ums Herz, und so manche Sorge habe sich aufgelöst. Ich spürte ein diffuses Unbehagen, sagte aber nichts – damals war ich noch nicht Vater.

Heute würde ich ihm sagen: Was tust du da? Aus der Vaterschaft steigt man nicht eben mal aus, kippt seinem Kind sein Elend vor die Füße und fühlt sich hinterher erleichtert. Dafür hat man einen Freund (den man allerdings auch nicht als seelischen Allzweckmülleimer benutzen sollte, sonst ist die Freundschaft bald hin).

Das ist der Unterschied zwischen Freund und Kind: Der Freund ist alt genug, um zu widersprechen, um einem, der sich gern als Opfer sieht, mal den Kopf zu waschen und notfalls zu gehen. Das Kind kann nicht gehen. Es ist eben ein Kind, das seinen Vater liebt und ihn nicht verlieren will. Viele Erwachsenensorgen versteht es noch nicht.

Natürlich soll man seinem Kind sagen, wenn es brennt: eine Krankheit, ein Unglück, ein Verlust. Wer aber sein Kind als Sorgenbruder oder -schwester benutzt, will eigentlich nur eines: sich ausheulen und billig davonkommen.

Wolfgang Büscher

74.
Wie viel Heimweh
muss mein Kind ertragen?

Wer selbst unter bohrendem, zehrendem Heimweh gelitten hat, wird sagen: Möglichst gar keins! Wer kein Heimweh kennt, wird die Frage nicht verstehen. Auf jeden Fall gehört es zur normalen Entwicklung, dass Kinder lernen (und durch Krippe und Hort tun sie das heute oft sehr früh), sich über längere Zeit auch von ihren Eltern getrennt wohlzufühlen. Wochenendbesuche bei den Großeltern, Übernachtungspartys bei Freunden, Klassenfahrten – das alles soll Spaß machen und nicht zum Problem werden. Manche Kinder werden trotzdem leiden. Man muss auf sie hören. Herausfinden, warum sie nicht so gern woanders sind. Nicht gleich mit dem Ponyhofaufenthalt beginnen, sondern zuerst kleinere Projekte planen. Den Kindern erzählen, dass Heimweh vergehen kann, wenn man es eine Zeit lang aushält – und gleichzeitig signalisieren, dass das keine ewige Quälerei wird. Dass man immer bereit ist, das Kind nach Hause zu holen, wenn es gar nicht klappt. Besonders aufpassen müssen allerdings Eltern mit einer eigenen Heimwehgeschichte. Sie neigen leider dazu, diese im Sinne einer selbsterfüllenden Prophezeiung an ihre Kinder weiterzugeben. Zwingen Sie sich, das zu lassen! Es geht. Ich spreche aus Erfahrung.

Susanne Gaschke

Konsum, Stil & Haltung

75.
Darf ich
meinem Kind
Prinzessin Lillifee
verbieten?

Ja, ich darf nicht nur, ich sollte sogar. Unbedingt. Sicher, kleine Mädchen lieben Rosa. Aber das bedeutet nicht, dass Erwachsene dem ihr eigenes ästhetisches Empfinden unterordnen müssen. Man muss wissen: Die kleine, niedliche zuckerrosa Prinzessin Lillifee ist eine Diktatorin, und ihr Anspruch ist absolut. Wenn ein Mädchen das Lillifee-Schminkköfferchen bekommen hat, wird es auch die Lillifee-Brotdose haben wollen und dann das Lillifee-Geschirr und dann den Lillifee-Schulranzen. Es gibt alles von Lillifee, ihr Anspruch ist grenzenlos. Und ehe man sich versieht, ist man Untertan in Lillifees rosarotem Reich, Sklave eines Merchandising-Artikels.

Kinder bekommen vieles in die Wiege gelegt, guten Geschmack nicht. Eltern können gar nicht früh genug damit anfangen, ihn ihren Kindern beizubringen.

Tillmann Prüfer

76.
Wie schick
soll mein Kind
gekleidet sein?

In dieser Frage habe ich dazugelernt. Aber es brauchte, zugegeben, eine Weile. Auf dem ersten Bild, das ich von meinem Sohn verschickte, liegt er auf einer *FAZ*, ist kleiner als eine halbe Zeitungsseite und trägt einen hellblauen Strampler von Petit Bateau. In seinen ersten Lebensmonaten hätte er in einem Werbespot der französischen Marke auftreten können. Jeden Tag, rund um die Uhr, trug er die Sachen mit dem blauen Boot. Heute, mehr als zwei Jahre später, ist es mir fast peinlich, wenn jemand bemerkt, dass sein Schal – ein ausrangierter von mir – von apc stammt. Ich meide die teuren Kinderläden in Prenzlauer Berg, gehe allenfalls zum Schlussverkauf dorthin und kaufe sonst lieber im Kaufhaus oder bei H&M. Ich genieße die Beiläufigkeit, die in dieser Handlung liegt. Ich will meinen Sohn nicht länger ausstaffieren. Und damit letztlich das Kind in seiner Bewegungsfreiheit einengen. Ich achte nicht mehr darauf, was er anhat, wenn Eis an seinem Pullover hinunterläuft oder er sich auf dem Spielplatz in den Matsch wirft. Das ist mir zu anstrengend. Ich bin in der Normalität angekommen, die mich auf die Inszenierungen der ersten Zeit wie auf die gestellten Bilder meiner Konfirmation blicken lässt. Eine Normalität, die den Kindern Freiheit gibt.

Jana Hensel

77.
Darf es im Haus
spielzeugfreie Zonen geben?

Vor Jahren renovierten wir ein Haus, und ich staunte über die Pläne der Architektin, auf denen neben Steckdosen und Wasseranschlüssen auch Tische, Betten, Fernseher, Sofas und das Klavier eingezeichnet waren. Jeder Raum hatte seine Bestimmung, jeder Gegenstand seinen Platz. Mir gefiel das Unverrückbare der Pläne, und ich freute mich auf die Ordnung, die sich vielleicht ja aufs Leben übertragen ließ. Dann zogen wir ein, und bald bekam jeder Raum eine zusätzliche Bestimmung zu der auf den Plänen – die Kinder nahmen von ihm Besitz. Das Sofa wurde zum Rennauto umfunktioniert, unter dem Klavier wurden Playmobil-Welten entworfen, in den Betten wurde Lego gebaut. Wohin auch immer ich mich bewegte, folgte ein Treck mit Spielzeug bepackter Kinder. Ließ ich mich irgendwo nieder, ganz gleich ob im Keller oder auf dem Dachboden oder im Wintergarten, schlug auch der Treck sein Lager auf. Protestierte ich, lud man mich freundlich ein, mich anderswo aufzuhalten, ich könne mich ja im Kinderzimmer ins Bett legen. Anfangs versuchte ich, mein Revier zu verteidigen, und klaubte regelmäßig Spielzeug zusammen. Inzwischen sehe ich gelassen über das Chaos hinweg – denn Kinder sind nicht nur im Spielzimmer Kinder, sondern überall. Spielzeugfreie Zonen sind bloße Theorie, entstanden aus der Erinnerung an die Aufgeräumtheit eines kinderlosen Lebens. Dem Bedürfnis von Kindern nach Nähe und Geborgenheit werden sie in der Praxis kein bisschen gerecht.

Ilka Piepgras

78.
Was mache ich,
wenn mein Kind
zum McDonald's-Geburtstag
eingeladen ist?

Das sind so die üblichen Kindergeburtstags-Einladungen:
liebevoll gebastelte Klappkarten, mit Blümchenaufklebern
und pinkfarbenen Federn verziert. Ein Spielzeug-Holz-
hammer, beschriftet mit dem Partymotto »Wir bauen ein
Haus«, ein Schatzkistlein, denn Goldmünzen sollen aus-
gegraben werden. Die Eltern bereiten wochenlang vor,
nähen Kostüme für Ritter und Elfen, testen den Fußball-
kuchen, auf dem eine Spielszene originalgetreu mit Gummi-
bärchen nachgestellt wird, üben nachts um eins zaubern,
und das einzige Negative, was man über all das sagen könnte, ist, dass einem von den Einladungskärtchen manchmal
ein Hauch von elterlichem Angstschweiß entgegenweht.
Es sind die Olympischen Kindergeburtstagsausrichtungs-
spiele, zu denen wir antreten und die im Gegensatz zu
anderen Olympischen Spielen im jährlichen Zyklus statt-
finden, bei mehreren Kindern mehrmals im Jahr. Das
Dopingmittel, das uns die Kraft gibt, ist das Lächeln unserer
Kinder.

Sagen wir, denken wir.

Aber mal ehrlich: Machen wir das alles überhaupt für
das Kind? Oder machen wir es nicht auch ein ganz kleines
bisschen für die hochgezogenen Augenbrauen der anderen
Eltern, für den besten Freund des Sohnes, als Kompensation
für eigene Kindergeburtstage, die wir so nie gefeiert haben,
für das gute Gefühl, alles, aber auch wirklich alles gegeben
zu haben als Eltern? Wir, die Tapferen, die Unantastbaren –
welches Bier, welches Glas Rotwein hat man sich in dieser

Phase des Lebens redlicher verdient als das nach einem erfolgreich absolvierten Kindergeburtstag?

Der Altar, auf dem wir Eltern uns selbst opfern, er ist der Gabentisch des Kindes, der sich unter den Geschenken biegt. Und dann ziehen wir, die Märtyrer, eines Tages die Einladung zum McDonald's-Geburtstag aus dem Ranzen unseres Kindes.

Kann man es da ernsthaft hinschicken, in die fettige Hölle des Prekariats? Das ist der verbotene Gedanke, der durch unser Märtyrerhirn schleicht. Die Antwort: Kann man, sollte man sogar. Sollen unsere wohlbehüteten Kinder ruhig wissen, dass die Welt da draußen keine rosa Federboa trägt. Wenn es gut läuft, sagen die Kinder »Nie wieder« und fordern für ihren eigenen Geburtstag Biokost und Brettspiele. Das Schlimmste, was passieren kann: Sie finden es super, und wir dürfen endlich auch mal wieder zu McDonald's.

Tanja Stelzer

79.
Darf mein Kind
mit seinem Taschengeld
machen, was es will?

Dürfen Sie mit Ihrem Geld machen, was Sie wollen? Ja? Na dann … Taschengeld ist das Geld Ihres Kindes, es darf darüber frei verfügen, und wenn sich Ihr siebenjähriger Sohn für 15 Euro Gummitiere kaufen will, dann soll er das mal ruhig machen und dann sehen, wie das so ist, wenn man schlimme Bauchschmerzen hat und kein Geld mehr im Portemonnaie, das bessere Tage verspricht. Ein Kind muss lernen, mit dem, was es hat, zurechtzukommen. Das funktioniert beim Geld ähnlich wie in vielen anderen Bereichen:

durch Scheitern. Und wenn ein Kind sein Geld auf den Kopf hauen will, dann wird es schon sehen, was es davon hat. Nämlich nichts.

Matthias Kalle

80.
Muss ich meinem Kind das Sparen beibringen, wenn ich selber es nicht kann?

Ich stelle die Frage mal andersherum: Sollte eine Person, die Drogen konsumiert, sich vor ihrem Kind verstellen und vor den Gefahren des Drogenkonsums warnen, oder sollte diese Person mit dem, sagen wir mal, Kokain ganz locker umgehen und sich ruhig vor den Augen des Kindes gelegentlich eine Line reinziehen? Weil es ehrlicher ist?

Eltern sind Vorbilder, ob sie wollen oder nicht. Gleichzeitig sind Eltern fehlbare Menschen, niemand ist perfekt. Die einen machen große Fehler, die anderen kleine. Auch die Kinder werden eines Tages, wenn sie groß sind, nicht perfekt sein, und sie werden die Fehler ihrer Eltern, eines Tages, durchschauen.

Bis es so weit ist, spielt man Theater. Man wartet bei Rot an der Fußgängerampel, obwohl man sich, wenn das Kind nicht dabei wäre, wohl anders verhielte. Man flucht nicht, man gibt sich mehr Mühe als üblich, was die Tischsitten betrifft.

Ehrlichkeit ist in der Erziehung ein Kriterium, das gegen andere Kriterien abgewogen werden muss.

Soll das Kind wirklich genauso werden wie man selber? Oder vielleicht doch, in dem einen oder anderen Punkt, ein bisschen besser? Diese Chance, besser zu werden, es leichter zu haben, will man dem Kind zumindest nicht verbauen.

Und es ist schon ganz gut, wenn man mit dem Geld, das man hat, auch auskommt.

Harald Martenstein

81.
Muss ich
für mein Kind sparen?

Nein! Um Himmels willen! Sparen Sie nicht für Ihr Kind! Schmeißen Sie das Geld zum Fenster raus! Kaufen Sie dem Kind etwas, das ihm Freude macht! Kaufen Sie sich etwas, das Ihnen Freude macht! Aber sparen Sie nicht, erst recht nicht für Ihr Kind! Vielleicht will das Kind Ihr Geld gar nicht haben – was dann? Vielleicht ist das Geld nichts mehr wert, wenn Sie jahrelang eingezahlt haben und irgendwann endlich der ersehnte Zahltag ist – tatsächlich ist es so, dass jedes Sparkonto, das Sie für ein Kind anlegen können, effektiv nichts bringt, sondern Sie im Gegenteil eher Geld kostet. Auch wenn Ihnen Finanz- oder Bankberater schon während der Schwangerschaft die Vorteile vom Pinocchio-Sparen vorrechnen (»Schon ab fünf Euro im Monat hat Ihr Kind mit 67 Jahren eine monatliche Garantierente von 300 Euro!«) – das ist eine Rechnung mit so vielen Unbekannten, dass das Ergebnis nur unbekannt sein kann. Wenn Sie sich allerdings nachts im Bett wälzen, weil Sie finanziell vorsorgen wollen, dann bauen Sie ein Haus und sehen Sie zu, dass Sie vernünftig versichert sind.

Matthias Kalle

82.
Muss ich
Großzügigkeit vorleben?

Ja. Und zwar in allen Bereichen, denn noch schlimmer als geizige Menschen sind geizige Eltern. Beispiel gefällig? Ein Sonntag in einem Restaurant, die ganze Familie sitzt und isst und redet und lacht, die Kinder, die Eltern, die Groß-eltern. Das kann, je nach Alter der Kinder, auch Chaos sein und Stress und dreckige Tischdecken, aber alle sind zusam-men, das ist das Wichtigste. Und nach zwei Stunden kommt die Rechnung, die kriegt der Papa. Und der Papa starrt auf die Rechnung. Starrt weiter. Guckt. Starrt noch mal. Fragt dann, ob man wirklich fünf Apfelschorlen gehabt hat. Fragt dann noch, wer denn eigentlich einen doppelten Espresso hatte. Fragt dann auch noch, ob das Kalbsschnitzel auf der Karte wirklich mit 19 Euro ausgezeichnet war. Dann rech-net er, irgendwas, murmelt, dass das doch alles so nicht stimmen könne. Mama wird es langsam etwas unangenehm, die Kinder verstehen nicht, warum Papa schlechte Laune kriegt – und irgendwann reicht es Opa, er reißt seinem Schwiegersohn die Rechnung aus der Hand, legt zwei große Scheine auf den Tisch und sagt: »Stimmt so.« Alles andere hat natürlich nicht gestimmt.

Denn wer schon mit seinem Geld knausert, wie knau-serig ist der dann erst, wenn es um wirklich teure Dinge geht wie Liebe, Geborgenheit, Zuneigung. Es ist Eltern-pflicht, großzügig zu sein, eine Großzügigkeit des Herzens. Daraus resultiert Lebensfreude und Liebesfreude – zwei große Geschenke an die eigenen Kinder.

Matthias Kalle

83.
Muss das Kind im Restaurant
das billige Schweineschnitzel nehmen,
wenn man sich selbst
ein Rinderfilet bestellt?

Es gibt, ernährungstechnisch, zwei Gruppen von Eltern. Die einen würden jederzeit selbst auf Nulldiät gehen, um sich fürs Kind teure Biokost leisten zu können. Die anderen machen es umgekehrt und gönnen sich selbst den feinsten in Rotwein gewaschenen Rohmilchkäse, während sie dem Kind Industriekäse auftischen. Weil sie denken, dass ein Kind den Unterschied ja eh nicht schmeckt.

So ziemlich jedes Kind liebt jungen Gouda, Schmelzkäse und all ihre verstrahlten Brüder und Schwestern. So ziemlich jedes Kind liebt auch Schweineschnitzel. Aber wann soll es lernen, dass es auch anderes gibt?

Der Koch Johannes King hat mal in Berlin Geschmacksunterricht an Schulen gegeben. Er hat den Schülern die Augen verbunden und ihnen Süßes, Salziges, Scharfes, Bitteres in den Mund gesteckt, und dann mussten sie erraten, was es war. Am besten, sagt er, waren die Kinder zwischen neun und zwölf. Grottenschlecht waren dagegen die 15-, 16-Jährigen. Sie hatten das Genießen nicht gelernt und waren schon zu Teer und Nikotin übergelaufen. Das Zeitfenster fürs Schmeckenlernen war bereits geschlossen.

Erwachsene, die gutes Essen zu schätzen wissen, sollten sich freuen, wenn ihre Kinder in dieser geschmacksprägenden Zeit keine Lust mehr haben auf die Kinderkarte. Und wenn das Familienbudget für Filet für alle nicht reicht, wird eben geteilt. Oder es gibt Pasta für alle.

Tanja Stelzer

84.
Darf ich Einfluss nehmen
auf die Gestaltung des Kinderzimmers?

Als meine Kinder ihren Gitterbetten entwachsen waren, verlangten sie nach einem Hochbett in Form eines Piratenschiffs beziehungsweise nach einem stilisierten Märchenschloss zum Schlafen. Doch ein Bett ist kein Themenpark. Also landeten schlichte Holzmöbel im Kinderzimmer, die seither fantasievoll zu Höhlen und anderen Spielstätten umfunktioniert werden – OHNE dass gestalterisch irgendetwas vorgegeben ist. Was für die Betten gilt, lässt sich verallgemeinern: Am besten schafft man einen soliden und neutralen Hintergrund, den die Kinder nach Lust und Laune ausgestalten können. Das klingt nach einem einfachen Rat, erfordert in Wahrheit jedoch ziemlich viel Langmut. Neulich beispielsweise beklebte mein Sohn sein Zimmer mit Postern aus einer Fußballzeitschrift.

Die grellen Sportlerfotos bilden einen gewissen Kontrast zu den dänischen Lampen an der Decke und dem mit kleinen Skifahrern bestickten Vorhangstoff. Ganz zu schweigen von der blauen Wandfarbe, die den schönen Namen »Borrowed Light« trägt. Geborgtes Licht. Am Ende einigten wir uns, wie so oft, auf einen Kompromiss: Nicht Dutzende, sondern nur eine Handvoll Poster wurde befestigt. Jetzt hängt Messi über dem Bett, Ballack am Schrank und Robben neben dem Skifahrer vom Vorhang. Ich halte es besser aus als erwartet. Und fühle mich gewappnet für die Zeit der Pubertät, wenn ich das Zimmer meiner Kinder so selten wie möglich betreten werde. Als Teenager sollen sie ihr Zimmer – ihren wichtigsten Rückzugsraum – vollkommen unbeeinflusst gestalten dürfen. So stelle ich mir das jedenfalls vor.

Ilka Piepgras

85.
Darf meine 16-jährige Tochter kellnern, mein Sohn morgens um vier Zeitungen austragen?

Will Ihre Tochter kellnern? Will Ihr Sohn morgens um vier Zeitungen austragen? Dann sollen sie es tun – aber Sie sollten nicht verlangen, dass sich ein Teenager gefälligst einen Job suchen soll, damit er mal sieht, wie hart und ungerecht und kapitalistisch das Leben ist. Das lernt ein Teenager noch früh genug. Aber er sollte auch lernen, dass man was machen muss, wenn man etwas haben will, wofür das Taschengeld nicht reicht. Dann muss man arbeiten. Und mit 16 sollte ein Kind ungefähr wissen, was es sich an Arbeit zutraut und was nicht.

Eines vielleicht noch: Wenn eine 16-Jährige kellnern will, dann sollten sich die Eltern das Etablissement vorher anschauen, mit dem Geschäftsführer reden, damit sie sicher sein können, dass es beim Kellnern bleibt und die Tochter nicht plötzlich im Bikini um eine Stange tanzt.

Matthias Kalle

86.
Soll ich meinem Kind erzählen, wie viel ich verdiene?

Unbedingt. Sobald das Kind ein Geheimnis für sich behalten kann.

Tanja Stelzer

87.
Muss ich meinem Kind
etwas vererben?

Nein, ich darf alles verprassen. Vererben muss ich nur die richtigen Werte – dazu gehört das Wissen darum, dass Geld im Grunde nichts zählt, jedenfalls wenn man es hat; und das Wissen darum, dass Geld alles ist, wenn man nichts hat. Mit diesem Bewusstsein wird das Kind schon irgendwie durchkommen.

Tanja Stelzer

88.
Soll man gegen
den schlechten Musikgeschmack
seiner Kinder einschreiten?

Ja, man soll. Noch besser wäre es allerdings, den Musikgeschmack gar nicht erst schlecht werden zu lassen. Es ist ein verbreitetes Missverständnis, dass kleine Kinder mit nervtötendem Gequäke und zuckersüßen Kitschklängen beschallt werden müssen. Mag sein, dass sie darauf hin und wieder besonders positiv reagieren, aber das ist kein Argument: Sie bekommen ja auch, hoffentlich, nicht zu jeder Mahlzeit Schokoladenkuchen mit Cola.

Kleine Kinder hören generell gern Musik, Klänge, Geräusche aller Art; wenn nichts anderes da ist, lauschen sie sogar sogenannter »guter« Musik. Und dann sind sie plötzlich Teenager und schreiten womöglich gegen den schlechten Musikgeschmack ihrer Eltern ein. Auch gut. Hört das Kind jedoch, trotz oder wegen oder mangels vorbeugender Maßnahmen, dezidiert schlechte Musik, sollte man sie ihm nicht verbieten. Sondern genau erklären, warum man sie schlecht findet. Das muss man natürlich erst mal selber herausfinden, was in vielen Fällen gar nicht so leicht ist. Wer sich aber diese Mühe nicht machen will, der hat logischerweise auch sein Recht verwirkt, sich in die Musik seiner Kinder einzumischen.

Jürgen von Rutenberg

89.
Darf ich meinem Kind
ein Piercing verbieten?

Ich habe auf jeden Fall das Recht, die Zustimmung zu dieser Körperverletzung zu verweigern, bis das Kind 18 ist. Das Kind wird mit Geschmacks- und Lebensstilargumenten kommen und mich unglaublich spießig und gestrig finden. *Tough luck!*

Ich halte das Piercing für eine Selbststigmatisierung. Es ist ein Symbol, das, wie auch immer der Träger es deutet, von der Mehrheit der unbefangenen Betrachter in einer bestimmten Weise verstanden wird. Und zwar als eine Art Negativkatalog all dessen, was ich meinem Kind wünsche. Das Piercing ruft: Hässlich, und mit Absicht! Antibürgerlich! Unterschichtenkultur! Trash-Massenmedien! Idiotenkapitalismus! Meine Hand oder Unterschrift reiche ich dazu nicht.

Susanne Gaschke

Religion & Politik

90.
Wann sage ich meinem Kind, dass es keinen Gott gibt, wenn ich nicht gläubig bin?

Ob es Gott gibt oder nicht, weiß man nicht, man hat dazu lediglich eine Meinung.

Das Kind wird sich, ob man es will oder nicht, seine eigene Meinung bilden. Es ist schwer vorauszusagen, ob der Versuch, das Kind weltanschaulich zu beeinflussen, Erfolg hat oder das genaue Gegenteil des Gewünschten bewirkt. Beides ist möglich. Wer sein Kind respektiert, wird sich als Missionar zurückhalten und ihm die Wege offenhalten. Der Alltag einer Familie – man geht oft in die Kirche, selten, nie – prägt selbstverständlich, ganz ohne Worte. Ich habe, als Agnostiker, meinem Kind versucht, Grundzüge des christlichen Glaubens zu vermitteln, weitgehend unkommentiert. Als es mich fragte: »Gibt es Gott?«, sagte ich: »Ich denke noch darüber nach, ich bin mir noch nicht sicher.« Und das stimmte ja auch irgendwie.

Harald Martenstein

91.
Wie erkläre ich als gläubiger Mensch meinem Kind, warum Gott sein Gebet nicht erhört?

Schummeln gilt nicht, wenn's ums Beten geht, alleine schon, weil die Frage nach den unerhörten Gebeten sich für Eltern keinen Deut anders stellt als für Kinder. Wir reden also vom gravierendsten Zweifel, vom berechtigtsten Einwand gegen das ganze Unterfangen: Funktioniert Beten überhaupt? Und wenn ja, wie?

Im Beten hat alles Platz, sagt die Theorie, doch gilt das auch, wenn die Praxis ein rotes Feuerwehrauto ist, um das man bittet? Aber ja. Es wäre jedenfalls zu billig zu behaupten, für einen großen Gott wäre ein kleines Matchbox-Auto zu unerheblich (abgesehen davon, dass es im Gebet mit Sicherheit um eine SEHR, SEHR GROSSE Feuerwehr ging). Auch dass der liebe Gott Antikapitalist ist, kann keineswegs als gesicherte Tatsache gelten. Damit entfällt die bildungsbürgerliche Ermahnung, beim Beten lieber auf das Schöne, Wahre und Gute zu zielen, statt auf schnöden Konsum. Nein, wenn das erbetete Auto nicht kommt, hat Gott erst mal versagt.

In der Frustration darüber liegt aber der Schlüssel zum erfolgreichen Beten, glaube ich. Der liebe Gott ist nicht Amazon – ich ordere, du lieferst. Beten gelingt nur, wenn beide versuchen, das Unmögliche möglich zu machen, Gott genauso wie ich. Hinhalten im Gebet, wie unsere Pfarrerin sagen würde, das heißt auch, dass sich mein Wunsch im Sonnen- oder Kerzenschein dreht und wendet, bis er mir selbst plötzlich in anderem Licht erscheint.

Die Chancen auf Erfüllung eines Gebets steigen dramatisch, das sage ich meinen Kindern wie mir selbst, wenn man den lieben Gott seinen Job in Ruhe machen lässt.

Und das geht so:

Meine Wünsche, meine Sehnsüchte sollte ich mir von niemandem ausreden lassen. In welcher Weise aber sie sich erfüllen, das muss ich beim Beten aus der Hand geben. Sonst wird das nie was.

Was wünschst du dir eigentlich, wenn du dir eine Feuerwehr wünschst? Welches Glück steckt in der Feuerwehr, und wo steckt es vielleicht noch? Gott braucht ein bisschen Spielraum, wenn er Wunder wirken soll.

Freunde von mir wünschten sich unbedingt ein Kind. Es ging jahrelang schief. Auch die Medizin war keine Hilfe. Jetzt haben sie adoptiert. Wurde ihr Wunsch ihnen also erfüllt (sie haben ein Kind) oder verwehrt (es ist nicht ihr leibliches)?

Obwohl sie selbst vom lieben Gott nicht viel halten (vom Beten ganz zu schweigen), würde ich sagen, ihr Gebet nach einem Kind wurde erhört. Sie haben sich für einen Götterfunken geöffnet, der sie auf einem Weg glücklich werden ließ, den sie sich nicht hatten vorstellen können.

Und wenn die Idee mit dem Götterfunken einen Fünfjährigen nicht überzeugt, wenn's doch unbedingt die Feuerwehr sein muss? Dann ist die Sache vielleicht aussichtsreicher auf dem Geburtstags-Wunschzettel an Oma untergebracht. Oma ist einfach duldsamer als der liebe Gott.

Patrik Schwarz

92.
Was mache ich,
wenn mein Kind
Kommunist wird?

Zur Feier des Tages eine schöne Flasche Krimsekt auf?
Nein? Doch, können Sie ruhig, Sie müssen sich eigentlich
keine Sorgen machen, denken Sie nur an den Satz: »Wer mit
zwanzig kein Kommunist ist, hat kein Herz. Wer mit vier-
zig immer noch Kommunist ist, hat keinen Verstand.« Zwar
scheint es immer noch nicht sicher zu sein, ob dieser Satz
von Winston Churchill stammt oder von Bertrand Russell –
wahr ist er trotzdem.

Ich war als Kind auch Kommunist – oder was man halt
als Kind dafür hält. Ich trug ein T-Shirt mit Hammer und
Sichel, auf dem »CCCP« stand, und wenn ich mit anderen
auf dem Computer *Olympische Spiele* gespielt habe, dann
wählte ich als Heimatland natürlich die UdSSR. Im Ge-
schichtsunterricht beantwortete ich keine Frage, sondern
hielt Reden in der Tradition von Fidel Castro über den
Untergang des Kapitalismus beziehungsweise des Imperia-
lismus. Bei Diskussionen um mein Taschengeld argumen-
tierte ich mit den Stichworten »Umverteilung« und »Pro-
duktionsverhältnisse«. Und irgendwann war ich dann
plötzlich kein Kommunist mehr.

Ich glaube, dass das so eine Phase war. Ich glaube
aber auch, dass diese Phase wichtig war, denn sie bedeutet,
wenn man allen ideologischen Ballast über Bord wirft: Ich
bin nicht einverstanden mit den Dingen, die passieren. Ich
möchte, dass es mir und allen anderen besser geht. Diese
Phase bedeutet also Nachdenken, Erkennen, Einmischung –
man kann seine Zeit wirklich mit unwichtigeren Dingen
verplempern.

Machen Sie also nichts, wenn Ihr Kind Kommunist wird. Freuen Sie sich einfach, aber behalten Sie Ihre Freude für sich.

Matthias Kalle

93.
Was mache ich, wenn mein Kind zu den JuLis will?

Sie könnten sich entweder darüber freuen, dass Ihr Kind sich überhaupt für Politik interessiert – oder Sie könnten in furchtbare Depressionen verfallen, denn offensichtlich hat Ihre Erziehung doch nicht zu Mitmenschlichkeit, zu Empathie, zu Gerechtigkeitssinn und zu sozialem Grundverständnis geführt.

Beides sollten Sie lassen, denn Sie haben jetzt einen Feind in der Familie, jemanden, mit dem Sie sich einen Kampf liefern müssen, der weit über normale Erziehungsrituale hinausgeht. Seien Sie geschickt in der Kriegsführung, machen Sie sich nicht vor Ihrem Kind über das Personal der FDP lustig, so verführerisch das auch sein mag. Schwärmen Sie lieber von der FDP eines Gerhart Baum oder einer Hildegard Hamm-Brücher, schwärmen Sie von den siebziger Jahren, von der Idee des Liberalismus – vielleicht wundert sich Ihr Kind dann bald schon von ganz alleine, warum es nichts von alldem in der heutigen FDP erkennt. Nebenbei müssen Sie natürlich Ursachenforschung betreiben: Was will mein Kind bei den JuLis? Hat seine Begeisterung am Ende mit einem Mädchen, einem Jungen zu tun? Will mein Kind einem Lehrer imponieren? Es gibt immer Gründe, selbst für die dämlichsten Handlungen.

Aber wenn Sie keine Gründe finden und wenn der Aufnahmeantrag bereits auf dem Schreibtisch liegt, dann hilft nur noch strengstes Debattieren, dann müssen Sie analytisch brillant, rhetorisch geschickt und intellektuell gewagt mit Ihrem Kind reden und streiten.

Matthias Kalle

94.
Was mache ich,
wenn mein Kind die Welt
und mich verbessern will?

Keine Ahnung, wie Sigmund Freud das sehen würde, aber ich glaube, in der kleinen Seelenrunde von »Über-Ich« und »Ich« und »Es« ist das »Über-Ich« das jüngste. Es ist noch nicht korrumpiert durch Kompromisse. Ein bisschen naiv manchmal. Und Zynismus ist ihm fremd.

In Familienkreisen sind die Kinder dieses »Über-Ich«, jedenfalls bei uns. Unsere Tochter ist jetzt zehn, und wenn sie wieder mal ein Poesiealbum einer Freundin auszufüllen hat, steht bei *Was ich nicht mag* nicht mehr »Spinat« und »Streit«, sondern »Krieg« und »Umweltverschmutzung«. Jeder Soldat ist böse (auch wenn er den Frieden bringen soll), jeder Tankstopp schmerzt (auch auf dem Weg zu ihrer Reitstunde), jede Planung einer Flugreise wird verworfen (es sei denn, es ginge nach Amerika, zu den Präriepferden).

Das fiese »Es« in mir als Vater ist da schwer versucht, ihr all die Widersprüche aufzuzählen, die das Leben so zu bieten hat, und all die Verlockungen noch dazu – doch der Rest vom »Über-Ich« in mir fragt dann besänftigend: Willst du all die Güte deiner Tochter mit Rechthaberei zertrümmern? All ihre Ansprüche mit Alltag widerlegen?

Es ist deshalb hoffentlich kein kalter Hohn, wenn ich meine Tochter in ihrem wahrhaftig guten Glauben lasse. An das Gute in der Welt. Und an das Gute in ihr selbst. Damit sie ihr Leben selber leben, ihre Erfahrungen selber machen, ihre Kompromisse selber schließen kann.

Noch mehr wünsche ich ihr aber, dass sie mich einmal widerlegt.

Henning Sußebach

95.
Darf mein Kind
zur Kommunion gehen,
obwohl ich die Kirche ablehne?

Mein Sohn war neun Jahre alt, als er den dringenden Wunsch äußerte, zur Kommunion zu gehen. Zur ersten heiligen, katholischen Kommunion. Und das im protestantischen Hamburg.

Dem stand zunächst einmal ein ganz banaler Grund entgegen: Der Junge war nicht getauft. Beide Eltern standen der Kirche fern, und so hatten sie nie einen Grund gesehen, ihr Kind zwangsweise zum Mitglied einer christlichen Gemeinschaft zu machen. Wenn er alt genug sei, so die Überlegung, könne er ja selber drüber entscheiden. War er nun alt genug? Mit neun?

Der Anlass für sein Begehren war offensichtlich: Sein bester Freund sollte in ein paar Monaten kommunizieren, und sicher hatte der von der bevorstehenden schönen Feier und den vielen Geschenken erzählt. Hatte der Wunsch, zur Kommunion zu gehen, vielleicht ganz weltliche Motive? Darauf angesprochen, schaute das Kind die Eltern mit großen Augen an. »Nein, ich glaube an Gott!« Und so einigten

sich Vater und Mutter darauf, dass es ja nicht schaden könne, wenn der Sohn mit der Religion in Berührung komme.
In kürzester Zeit wurde die Taufe arrangiert (die Kirche
kann da ganz unbürokratisch sein), der Sohn ging drei
Monate lang wöchentlich zum Kommunionunterricht und
empfing schließlich zusammen mit seinem Freund das Sakra-
ment. Es war eine schöne Feier mit vielen gläubigen und
ungläubigen Menschen. Mein Sohn ist jetzt 18, zu einem
Gottesdienst ist er seit seiner Kommunion nicht mehr
gegangen. Früher wurde Kindern oft der Glaube aufge-
zwungen – ungläubige Eltern sollten es nicht umgekehrt
machen.

Christoph Drösser

96.
Soll ich meinem Kind erzählen,
was ich gewählt habe?

Ja, unbedingt, aber seien Sie darauf vorbereitet, mit Wider-
sprüchen in Ihren eigenen politischen Vorstellungen kon-
frontiert zu werden: Vom Feminismus hatte ich mir gemerkt,
dass junge Frauen Rollenvorbilder brauchen. Deshalb wissen meine Töchter mehr über Angela Merkel, als unter
Zwei- und Fünfjährigen vielleicht notwendig ist. Dann kam
der Tag der Bundestagswahl. »Und, was hast du gewählt?«,
fragte die Große. Meine Antwort weckte Misstrauen. »Ist
das die Partei von der Merkel?« Ihr Blick verfolgt mich bis
heute. »Wie, du hast NICHT die Merkel gewählt?!?«

Patrik Schwarz

97.
Wann erkläre ich meinem Kind, wie schlecht die Welt ist?

Als meine Tochter noch nicht da war, hatte ich wegen dieser Frage schlaflose Nächte. Mich beschäftigte nicht nur das »Wann«, sondern auch das »Wie«, während ich die Frage nach dem »Warum« für mich bereits abschließend geklärt hatte: Weil es nun einmal so ist, die Welt ist kein guter Ort, sondern ein schlechter, und es ist besser, wenn man diese Tatsache kennt, sie akzeptiert, besser früher als später.

Ich überlegte mir eine richtige Strategie: Zunächst, so malte ich mir aus, würde es vollkommen reichen, nebenbei mal zu erwähnen, wie schlecht die Welt ist, beispielsweise beim Windelwechseln. Je älter das Kind werden würde, umso drastischer könnten die Vorträge werden, und ich rechnete mir aus, dass es so ungefähr mit vier Jahren Bescheid wissen müsse.

Und dann war sie da. Und sie war gesund und wunderschön, und sie wuchs, sie krabbelte, sie lief, sie schlief, sie aß, sie sprach, und sie wurde größer und schöner, und sie lachte und freute sich über Dinge, die ich nicht sah, seit Jahren nicht mehr sehen konnte, und jetzt wird sie drei Jahre alt, und sie weiß noch immer nichts davon, wie schlecht die Welt ist, denn ich habe ihr bis heute nichts davon erzählt.

Ich will sie nicht enttäuschen. Ich glaube, dass sie die Welt für einen großartigen Ort hält – diesen Eindruck vermittelt sie jedenfalls. Sie scheint Menschen zu mögen, sogar die, die ich für Idioten halte. Und ich denke, dass sie jeden Tag mehr hofft, mehr träumt, mehr will. Da kann ich nicht kommen und ihr die Wahrheit sagen, das geht nicht, das schaffe ich nicht, wahrscheinlich werde ich es nie übers Herz bringen.

Vielleicht ist die Wahrheit aber auch die, dass ich mich geirrt habe. Und sie recht hat. Vielleicht erklärt mir mein Kind irgendwann, wie schön die Welt eigentlich ist.

Matthias Kalle

Spiel, Sport & Medien

98.
Was mache ich,
wenn mein Kind
mit gutem Spielzeug
nichts zu tun haben will?

Als Erstes vielleicht die Definition von »gutem Spielzeug«
überdenken. Spielzeug, mit dem ein halbwegs aufgewecktes
Kind nicht spielen will, kann so gut nicht sein. Bei der Suche
nach besserem Spielzeug hilft nur eines: zusammen mit dem
Kind möglichst lange mit den – »guten« und »schlechten« –
Spielsachen mitspielen. Bis zu einem gewissen Alter jedenfalls spielen Kinder immer noch lieber mit ihren Eltern als
mit noch so »gutem« Spielzeug. Beim gemeinsamen Spielen
finden Sie heraus, was an dem guten Spielzeug schlecht und
an dem schlechten Spielzeug gut ist. Und was wirklich gutes
Spielzeug ist, oder wäre.

Jürgen von Rutenberg

99.
Soll man einem Jungen
eine Puppe schenken?

Unbedingt! (Wenn er sich eine wünscht. Andernfalls sollten
Sie sich das gut überlegen. Sonst geht es Ihnen am Ende wie

den Eltern Rilke. Die hätten lieber eine Tochter gehabt und nannten ihren Sohn deshalb Rainer Maria. Sie kleideten ihn wie ein Mädchen, und noch 20 Jahre später riefen seine Freunde ihn »Mitzi«. Auf den Fotos, die man von ihm als Erwachsenem kennt, sieht er nicht wirklich glücklich aus. Aber er schrieb wunderbare Gedichte.)

Wolfgang Lechner

100.
Was mache ich,
wenn mein Sohn
kein Fußball mag?

Da muss man natürlich was tun! Und das nicht nur, weil der Fußball heute Kulturgut ist, der größte all der kleinsten gemeinsamen Nenner unserer Individualgesellschaft. Sondern weil er jedem Burschen zugleich die Chance bietet, sich abzugrenzen, sich maskulin zu erfahren in einer Kindheit voller Babysitterinnen, Erzieherinnen und Klassenlehrerinnen. Es stimmt ja, die Erwachsenenwelt wird viel zu sehr von Männern dominiert – die Kinderwelt aber wird bewacht und bewertet von Frauen. Da ist ein Bolzplatz (nicht zufällig oft vergittert wie ein Käfig) eines der letzten Reservate der Männlichkeit. Eine Probebühne für Möchtegerns und Sindschons. Hier erfährt ein Junge Körperlichkeit, Kraft, Selbstvertrauen, auch Demut.

Und wenn er sich nicht traut vor lauter Demut – und wegen zu viel Körperlichkeit und Kraft und Selbstvertrauen der anderen? Dann sollte ein Vater unbedingt aufs Zuschauen ausweichen. Als Schocktherapie empfiehlt sich ein Stadionbesuch (allerdings beim richtigen Verein). Die hinterlistigere Variante lautet allerdings: Chipstüte aufreißen, Fernseher einschalten und den Moment abwarten, in dem der Sohn ruft: »Pst, Mama, ich gucke mit Papa *Sportschau*!«

Sollte dieses glühende Gefühl für Fußball auch dann noch nicht entbrannt (und die ödipale Phase immer noch nicht überwunden) sein, hilft nur noch eins: die nächste WM abwarten. Diese rauschhaften Sommerwochen, in denen so viele Spielszenen, Kleindramen und Großtragödien im kollektiven Gedächtnis der Männerwelt zu Standbildern gerinnen, die ein Fußballfan nie mehr vergisst. Mit denen er vor allem niemals und nirgends allein bleibt. Denn immer wird er irgendwo irgendjemanden finden, der auch noch weiß, wo er war und was er getan hat in jenem wahnsinnig heißen Juli 2014, als Mesut Özil im Finale gegen Brasilien beim Stand von 0:0 zu diesem unglaublichen Fallrückzieher ansetzte und … Genau.

Henning Sußebach

101.
Muss ich mit meinem Kind Gesellschaftsspiele spielen, auch wenn ich keine Lust dazu habe?

Die Antwort lautet: Nein, nein und nochmals nein! Kinder haben einen irrwitzig guten Radar für die Frage, ob ein Erwachsener es ernst meint oder nicht. Sie werden sowieso spüren, dass es Ihnen herzlich egal ist, welches Tempo die kleine Schnecke vorlegt, wer beim *Monopoly* die meisten Bahnhöfe zusammenkauft oder beim *Mensch ärgere dich nicht* am häufigsten rausfliegt. Gesellschaftsspiele brauchen die Hingabe aller Beteiligten, sonst machen sie überhaupt keinen Spaß.

Gleichwohl ist es natürlich wichtig, dass Ihr Kind die wunderbare erzieherische Wirkung dieser Spiele genießen kann (Abwarten; Sich-an-Regeln-Halten; nicht ausflippen, wenn man verliert). Hier ist also kluges Outsourcing gefragt: Wird im Kindergarten genug gespielt? Sonst regen Sie das an! Großeltern haben häufig ein entspanntes Verhältnis zu Gesellschaftsspielen. Und bei Babysittern sollten Sie Freude an Halma oder *Fang den Hut!* geradezu zur Einstellungsvoraussetzung machen.

Das alles bedeutet natürlich nicht, dass Sie weniger Zeit mit Ihrem Kind verbringen sollen, nur weil Sie jetzt nicht mehr spielen müssen! Aber seien Sie authentisch: Wenn Sie gern Zinnfiguren gießen, dann gießen Sie mit Ihrem Kind Zinnfiguren! Gehen Sie angeln, gehen Sie in den Wald, basteln Sie, nähen Sie, schnitzen Sie – was auch immer, für Ihr Kind kommt es darauf an, Zeit mit Ihnen und einer Sache zu verbringen, die Sie begeistert. Am einfachsten und (aus meiner Sicht) am schönsten und wichtigsten ist es, Geschichten vorzulesen. Damit können Sie sich und Ihrem Kind jeden Tag eine von tausend neuen Welten öffnen – und nach meiner Erfahrung schlägt eine spannende Geschichte *Activity*, die *Siedler* oder auch das große Pilzsammelspiel relativ locker.

Susanne Gaschke

102.
Darf mein Sohn
mit Waffen spielen?

Die Sache hat eine spielerisch-kindliche und eine ernste Seite. Als Vater eines Sohnes und einer Tochter (die ihrerseits Freunde und Freundinnen haben) bin ich über Unter-

DARF MEIN SOHN MIT WAFFEN SPIELEN?

schiede zwischen beiden im Bilde. Jungen lieben es, wenn es knallt und kracht, sie sehen in Dingen, die wir Ast oder Reitgerte oder Geschenkpapierrolle nennen würden, Schwerter und Pistolen und kämpfen damit drauflos. Als Kind hatte ich einen Freund, dessen Vater war Schmied. Er erlaubte uns, am Amboss eiserne Degen zu schmieden, damit zogen wir los – stolz und glücklich. Das ist die spielerische Seite. Das war so, ist so und wird so sein, pardon, an dieser Lebenserfahrung prallen alle Gender-Theorien ab. Die ernste Seite ist: Was wird, wenn mein Sohn 18 ist – Wehrdienst oder nicht? Das ist eine andere Frage, die nehmen wir dann das nächste Mal durch.

Wolfgang Büscher

103.
Soll ich kontrollieren, was meine Kinder bei Facebook machen?

Aber ja. Wozu gibt es denn »soziale Netzwerke«, wenn nicht zur gegenseitigen Beobachtung? Zur Hilfe kommt eine Art ausgleichende Gerechtigkeit: Je sorgloser Ihr Kind seine Privatsphäre bei Facebook veröffentlicht, desto besser können Sie bei Bedarf ein ernstes Wörtchen mit ihm reden, und sei es nur über den notwendigen Schutz persönlicher Daten. Wenn Ihr Kind hingegen alle sensiblen Informationen unter Verschluss hält, umso besser. Einen Hackerangriff auf den Rechner des Nachwuchses sollte man sich für Fälle von sehr gut begründetem Anfangsverdacht aufheben. Das wäre dann aber eher ein Fall für die Polizei.

Jürgen von Rutenberg

104.
Was mache ich,
wenn meine Tochter
sich in Robert Pattinson
verliebt hat?

Selbst wenn Sie den Drang kaum unterdrücken können: Lachen Sie nicht und schütteln Sie nicht den Kopf. Auch der nett gemeinte Hinweis, dass Robert Pattinson aussieht, als würde er streng riechen, wird an der Zuneigung Ihrer Tochter zu ihm kaum etwas ändern. Und deshalb bringt er rein gar nichts. Denken Sie stattdessen besser an die Zeit zurück, als Sie Kurt Cobain zu einem Ihrer größten Idole zählten und Ihre Eltern mit Unverständnis und Häme reagierten. Vermutlich fühlten Sie sich dadurch in der Vergötterung Ihres Stars nur bestärkt, denn Eltern haben ja generell keine Ahnung und sind von gestern. Aber spätestens als sich Cobain eine Kugel in den Kopf jagte, wussten Sie, dass er doch nur eine arme Wurst war – und die gestrigen Alten letztlich recht hatten mit ihrer intuitiven Ablehnung. Ersparen Sie Ihrem Kind eine solche selbstgewonnene Erkenntnis nicht. Und wenn es dann nicht Vernunft annimmt, dann spielen Sie einfach eines Ihrer Lieblingslieder aus Ihrer wilden Zeit: »Don't Believe The Hype« von Public Enemy. Immer schön, wenn zwei Generationen parallel den Kopf schütteln.

Matthias Kalle

105.
Wann gebe ich meinem Kind
ein Handy in die Hand?

So spät wie irgend möglich, telefonieren kann es in zehn Jahren noch genug. Doch leider stellt sich die Frage schon, sobald das erste Spielzeughandy für das Kind nicht mehr interessant ist, Papas echtes Telefon dagegen umso mehr. Anders als bei einem Auto oder einer Motorsäge lässt sich die Verweigerung eines Handys nur bedingt mit der Gefährlichkeit des Geräts begründen. Sicher, es gibt die Frage der möglichen Strahlenbelastung, die manche Experten für junge Gehirne bedenklicher finden als für ältere. Zu den nach jetzigem Stand unklaren Risiken lesen Sie bitte die vermischten Seiten der Zeitungen oder fragen Sie Ihren Kinderarzt oder Radiologen. Was die sozialen Gefahren angeht (Quatschsucht, Klingeltonerwerb, falsche Freunde): Es gibt, als – möglichst späte – Übergangslösung auch Handys für Kinder, mit denen nur einige bestimmte Nummern angerufen werden können. Und noch eine Möglichkeit zur Eindämmung des kindlichen Handywahns gibt es: den Kindern nicht mehr als ein paar wenige Minuten am Tag signalisieren, dass Telefonieren das Interessanteste und Wichtigste überhaupt im Leben ist.

Jürgen von Rutenberg

106.
Wer bestimmt
das Fernsehprogramm?

Natürlich das Kind, wer denn sonst? Sie vielleicht? Wollen Sie, dass sich Ihr Kind denselben Quatsch anschaut wie Sie?

Das kann nicht Ihr Ernst sein. Geschaut wird selbstverständlich, was das Kind will, dabei müssen Sie es nur sanft führen. Geben Sie ihm eine Fernsehzeitung, für jeden Tag darf es sich zwei Sendungen ankreuzen, die es sehen will, mehr als eine Stunde darf dabei allerdings nicht herauskommen. Und lassen Sie Ihr Kind dann nicht alleine mit dem Fernseher, sondern schauen Sie ruhig mit. Und wenn es schläft, dann sehen Sie von mir aus, was Sie wollen.

Matthias Kalle

107.
Ab wann darf mein Kind
Nachrichten gucken?

Wir glauben, dass Kinder eher mehr wissen wollen als weniger, und dieses Wollen beginnt so ungefähr mit drei Jahren, wenn sie andauernd fragen: »Warum?« Diese Frage müssen Sie beantworten, Sie sind der erste Nachrichtensprecher für das Kind, irgendwann können Sie die Fragen aber nicht mehr beantworten, dann brauchen Sie Hilfe, zum Beispiel von den Nachrichten im Kinderkanal. Und wenn Sie merken, dass diese Art der Nachrichten Ihr Kind unterfordert, dann darf es mit Ihnen zusammen um 19 Uhr oder um 20 Uhr die Erwachsenennachrichten gucken. Sie bekommen dann allerdings eine Menge Probleme, wenn der Sprecher zum Beispiel von einer Finanzkrise berichtet und Ihr Kind fragt: »Warum?« Dann sollten Sie vielleicht heimlich wieder Kindernachrichten gucken.

Matthias Kalle

108.
Darf ich
mein Kind googeln?

Ehrlich gesagt dürfen Sie überhaupt niemanden googeln, jemanden zu googeln ist irgendwie falsch. Richtig bescheuert ist es, sich selbst zu googeln – die Amerikaner haben dafür sogar einen eigenen Ausdruck: *vanity search*. Aber das machen Sie ja eh nicht …

In Zeiten, in denen Chefs bereits die Namen von Bewerbern googeln, sollten Sie Ihrem Kind etwas vermitteln, nämlich dass Sie ihm trauen und vertrauen. Einen 15-Jährigen zu googeln ist, als würden Sie einen Privatdetektiv beauftragen oder sich auf dem Schulklo verstecken, um herauszufinden, ob Ihr Kind heimlich raucht.

Versuchen Sie das doch mal. Und nach ein paar Wochen geben Sie bei Google ein: »Blöde Eltern«. Kann sein, dass dann Ihr Name erscheint.

Matthias Kalle

109.
Darf ich
der Facebook-Freund
meines Kindes sein?

Gegen eine Facebook-Freundschaft von Eltern und Kindern ist grundsätzlich wenig einzuwenden – heikel ist eher die Frage, wie sie angebahnt wird. Ergreife ich als Mutter die Initiative, provoziere ich einen Gewissenskonflikt – das Kind muss abwägen, was ihm wichtiger ist: mein Wohlwollen oder die Intimität seines sozialen Netzwerks. Denn Freundschaftsanfragen von Eltern lassen sich nicht so einfach wegklicken wie jene von unliebsamen Bekannten. Statt also mein Kind durch eine Anfrage in Verlegenheit zu bringen, warte ich lieber, ob es von sich aus den Kontakt sucht. Tut es das, dann habe ich mich als Mutter bewährt: Offenbar bin ich meinem Kind nicht peinlich. Und offenbar muss es das, was sich auf seiner Facebook-Seite abspielt, nicht vor mir verbergen. Die Facebook-Freundschaft ist ein Vertrauensbeweis.

Ilka Piepgras

110.
Darf man seinem Kind
einen Fernseher
ins Kinderzimmer stellen?

Laut Statistik stehen in den Kinderzimmern sogenannter Unterschichtenfamilien mehr Fernseher als in den Kinderzimmern gutbürgerlicher Familien. Bedeutet das etwas? Und heißt deshalb die Antwort auf diese Frage »nein«?

Natürlich nicht, denn ein Fernseher ist kein Teufelszeug, jedenfalls genauso wenig, wie ein Computer eine Todesmaschine ist. Man darf einen Fernseher in das Kinderzimmer stellen, man muss es nur nicht, und man darf es auch erst, wenn das Kind in einem Alter ist, in dem es gefahrlos alleine fernsehen kann. Mystifizieren Sie das Gerät nicht, ein Fernseher ist nicht das Böse an sich, ein Fernseher ist zunächst einmal eine Art Sehnsuchtsmaschine, ein Tor in andere, fremde, erstaunliche Welten. So wie nicht das Internet schlecht ist, sondern nur eine Vielzahl von Seiten, ist auch nicht das Gerät oder die Idee des Fernsehers schlecht, aber leider sind es die meisten Sender und die meisten Sendungen. Und deshalb muss Ihr Kind einen verantwortungsvollen Umgang mit diesem Medium lernen, es muss sich Kompetenz aneignen, und Sie müssen auch bei diesem Thema vorleben, wie das gehen kann. Wenn Sie das nicht können, wenn Sie an dieser relativ simplen Aufgabe scheitern, dann dürfte in Ihrer Wohnung, in Ihrem Haus überhaupt gar kein Fernseher stehen.

Matthias Kalle

111.
Was mache ich,
wenn mein Kind
zu *DSDS* will?

Normalerweise gehen meine Feuilletonkollegen am Samstagabend ins Theater, oder sie lesen zu Hause ein gutes Buch. Durch Zufall schauen zwei meiner Feuilletonkollegen heute aber Fernsehen und sind auf RTL geraten. Es läuft eine Castingshow namens *DSDS*. Meine Kollegen kennen diese Buchstabenfolge als Synonym für Schmuddel-TV. Normalerweise würden sie jetzt so schnell weiterzappen, wie sich Licht durchs All bewegt. Aber sie haben einen Namen gehört, der sie stutzig macht. Normalerweise schicken sich meine Kollegen am Samstagabend keine SMS. Heute schon. »RTL anmachen. Kann das die Tochter von Ursula März sein?«, schreibt der eine Kollege an den anderen Kollegen. Im Fernsehen ist jetzt das Gesicht von Dieter Bohlen zu sehen. Er gibt gerade einen Kommentar ab zu dem Gesang der 17-Jährigen, die auf der Bühne steht. Jetzt bin ich im Fernsehen zu sehen. Ich sitze im Haufen der Kandidatenfamilien; 90 Prozent bildungsferne Proleten. Der andere Kollege schreibt eine SMS zurück. Ich versuche sie zu lesen, ich konzentriere mich wie wild auf den SMS-Text, ich kann ihn einfach nicht entziffern, mein Puls rast, ich bin so verzweifelt, wie man in Albträumen verzweifelt ist. Da wache ich auf.

Ich gehe in die Küche, koche Tee und mache mir die schlimmsten Vorwürfe. Was ist mit mir als Mutter los, dass ich so einen Mist träume. Ich bin opportunistischer, konventioneller, feiger als meine eigene Mutter, die immer Angst hatte, was die Nachbarn sagen. Das waren Kleinstadtspießer. Ich habe es mit netten Kollegen zu tun. Mir ist schlecht vor Scham. Wie kam ich je dazu, anderen Leuten aufgeplustert zu erklären, Kinder hätten ein Recht auf die Realität, in die sie hineingeboren wurden. Eltern seien nicht dazu da, ihnen Realitäten einfach zu verbieten, sondern ihnen ein differenziertes Verhältnis auch zu solchen Realitäten zu ermöglichen, die ihnen selbst geschmacklich nicht passen. Also auch zur Realität von Castingshows.

Ein paar Stunden später sage ich beim Frühstück zu meiner Tochter:

»Hättest du Lust, bei *DSDS* mitzumachen?«

»Wieso?«

»Ich wollte nur sagen, wenn, dann kannst du voll auf mich zählen.«

»*DSDS* nicht, nö, aber bei *Germany's Next Topmodel* würde ich mich echt gern mal bewerben.«

»*Germany's Next Topmodel*? Entschuldige«, sage ich, »aber das kommt ja wohl echt nicht infrage.«

»Ach nee«, sagt meine Tochter, »und was ist da bitte der Unterschied?«

»Es ist ein Unterschied, ob man sich von Dieter Bohlen dumm anreden lässt oder vor Heidi Klum in Unterwäsche rumläuft.«

»Und das entscheidest du, ja?«

»Genau«, sage ich, »das entscheide ich.«

Ursula März

112.
Soll ich meinem Kind
einen Nintendo schenken?

Eines Tages kam meine zehnjährige Tochter Liza zu mir und sagte, zum Geburtstag wünsche sie sich einen Nintendo DS. Das ist eine Spielkonsole, auf der Kinder gemeinsam Computerspiele spielen können. Ich mag Spielkonsolen nicht besonders. Liza sagte, die meisten anderen Kinder in der Klasse hätten auch einen Nintendo. Das ist zumindest ein Argument. Kinder haben ihre eigenen Währungen sozialer Teilhabe. Das können Pokémon-Bildchen sein oder Computerspiele – und wer davon nichts besitzt, hat es schwer auf dem Markt.

Als ich selbst zur Schule ging, besaßen alle Jungen in meiner Klasse einen Amiga 500 von Commodore – ich nicht. Sie erzählten sich auf dem Pausenhof davon, wie viele Punkte sie bei Spielen wie *Winter Games* errungen hätten und wie sie beim *Bundesliga-Manager* abgeschnitten hätten. Ich musste mit großen Ohren lauschen und konnte mir nur ausmalen, was sie damit meinen könnten. Meine Eltern weigerten sich, mir einen Computer zu kaufen. Sie sagten, nur weil alle einen Computer hätten, müsse ich nicht auch einen haben. Eines Tages würde ich das schon verstehen.

Auf diesen Tag warte ich noch. Und deswegen hat meine Tochter nun einen weißen Nintendo DS. Zurzeit trainiert sie darauf Turnierreiten, sie rettet Delfine und übt *Dr. Kawashimas Gehirnjogging*. Und so oft es geht, bitte ich meine Tochter, mir das Ding zu erklären, frage sie, was sie gerade mit wem aus der Klasse darauf spielt, und spiele selbst mit ihr.

Die besten Spiele sind immer die, die Eltern gemeinsam mit ihren Kindern spielen. Egal auf welchem Gerät.

Tillmann Prüfer

Schule & Bildung

113.
Brauchen Kinder Märchen?
Wenn ja: Welche?

Seinerzeit, als das kleine Mädchen ohne Vorlesen nicht einschlafen wollte, las ich einmal Grimms *Aschenputtel* und geriet an die Stelle, wo die Stiefmutter den Schwestern die Zehen abschneidet, damit die Füße in die Schuhe passen. Ich erschrak. Ich dachte, das kannst du deinem Kind nicht antun, und ließ den Satz einfach weg. Wenig später kam das »Ruckedigu, Blut ist im Schuh«, und ich saß in der Tinte. Irgendwie mogelte ich mich darüber hinweg, und das Kind, schon fast am Schlafen, merkte nichts.

Grimms Märchen sind zuweilen grausam, aber Kinder reagieren unterschiedlich. Die ältere Tochter mochte solche Dinge gar nicht, und wir gingen rasch zu Astrid Lindgren über; die jüngere hingegen hatte ein Faible für Drastisches und las die Märchen auf eigene Faust.

Ich selber erinnere mich daran, dass mir Andersens Märchen viel mehr zugesetzt haben. Beim *Mädchen mit den Schwefelhölzern* vergoss ich heiße Tränen. Noch heute finde ich die aufs Psychologische zielende Sentimentalität Andersens zudringlich, aber viele Leser sind ganz begeistert davon. Man muss ausprobieren, was für das Kind taugt. Die Märchen sind ebenso verschieden wie die Menschen, und für Zartbesaitete taugen die von Wilhelm Hauff vermutlich am besten. Ganz auf Märchen zu verzichten wäre schade, denn sie handeln von Urängsten und von Allmachtsfantasien, von der List der Schwachen und vom bestraften Hochmut der Mächtigen. Dass sie gut ausgehen, ist kein geringer Trost.

Ulrich Greiner

114.
Soll man
gute Noten belohnen?

Da kommt die Elfjährige nach Hause, sie hat so ein Leuchten in den Augen und einen hellen Ton in der Stimme, und dann weiß man's sofort: Die Klassenarbeit ist erfolgreich zurück! Mit einer Drei plus, obwohl die Freundinnen Vieren und Fünfen haben. Oder mit einer wunderbaren Eins – vollkommen unwichtig, ob der Test leicht war und insgesamt gut ausgefallen ist. Oder die Arbeit hat zum ersten Mal nur fünf Rechtschreibfehler, obwohl es vorher oft an die zwanzig waren. Es gibt vielfältige Gründe für das Leuchten, den stolzen Unterton und das große Gefühl: »Ich hab's gut gemacht, und Mama und Papa freuen sich!« Und das soll als Motivation nicht ausreichen? Soll getoppt werden durch ein simples Bezahlschema?

Der Gedanke ist bestechend: Ein paar Euro extra, und schon wachsen Fleiß und Lernerfolg. Bekommt nicht auch der Banker seinen Bonus, der Abteilungsleiter die Prämie für erreichte Ziele? Was spricht dagegen, Kinder frühzeitig mit der berechnenden Welt bekannt zu machen, wie sie nun einmal ist?

Alles! Eltern haben keine Geschäftsbeziehung zu ihrem Kind. Es ist auch kein Hund, den man mit Leckerli belohnt, wenn er brav Männchen gemacht hat. Ein Kind ist, wie alle Menschen, viel komplizierter.

Es wünscht sich von seinen Eltern Zeit, Interesse, ungeteilte Aufmerksamkeit, möglichst oft. Und: Es ist darauf angewiesen, von ihnen geliebt zu werden, auch wenn es in der Schule nicht leuchtet. Gerade dann.

Wenn ein Kind faul ist, sich nicht konzentrieren kann und die Hausaufgaben links liegen lässt, hat das Ursachen, die man erforschen sollte; dann braucht das Kind geduldige Unterstützung und vor allem Vertrauen, dass es seinen Weg trotzdem finden wird. Ein Geldversprechen ist ein bestenfalls kurzfristig wirkender Anreiz, wie psychologische Studien an Erwachsenen bezeugen. Ihn braucht das Kind gewiss nicht. Denn Geld als Belohnung verstärkt eher den Erfolgsdruck, der selbst zur Ursache für mangelnde Schulleistungen werden kann.

Was sicher geht: der Fünf- oder Zehneuroschein, wenn das Schulhalbjahr überstanden ist. Aber nicht als Belohnung für die Tochter, der alles zufliegt, sondern als zweckfreies Geschenk auch für den Sohn, der sich schwerer tut.

Iris Mainka

115.
Wie kann ich
mein Kind vor Mobbing
schützen?

Von Mitschülern systematisch verfolgt und gedemütigt zu werden ist eine unvorstellbare Qual für ein Kind. Eine Qual, die in die Katastrophe führen kann, zu Selbstmord oder unkontrollierbaren Reaktionen des Opfers. Es gibt jene pädagogische Schule, die findet, Kinder sollten ihre

»Konflikte« untereinander austragen. Das stimmt sicher für ganz durchschnittliches Gezicke, für schwankende Freundschaften oder Konkurrenz um die Verantwortung fürs Klassenmeerschweinchen. Aber systematisches Mobbing hat mit solchen Konflikten nichts zu tun.

Mobber setzen, in total asymmetrischer Kriegsführung, auf die systematische Demontage ihres Opfers. Tag für Tag. Ein bisschen Schlagfertigkeit und ein dickes Fell muss sich jedes Kind aneignen (und Sie können Ihrem dabei helfen), aber das geht nicht unter dem Dauerfeuer der Mobber. Wenn Ihr Kind sich Ihnen anvertraut, ist es unglaublich wichtig, dass Sie ihm unverbrüchliche Loyalität zeigen. Dass Sie signalisieren: Die Situation ist nicht ausweglos. Und dann müssen Sie sich leider mit Lehrern und Mobber-Eltern anlegen: Weder darf die Schule in solchen Fällen wegsehen, noch darf man den Täter-Eltern Verharmlosung durchgehen lassen. Das wird sicher nicht erfreulich, aber es gibt keine Alternative.

In der Regel sollte eine massive, nachhaltige Intervention helfen. Der Ehrlichkeit halber muss man aber sagen, dass in manchen Situationen und bei besonders uneinsichtigen Akteuren nur ein Schulwechsel Erleichterung bringt.

Susanne Gaschke

116.
Wem soll ich glauben:
dem Lehrer oder meinem Kind?

Da alles, was einem Zweiten oder Dritten berichtet wird, sozusagen schon Literatur ist, angereichert mit den Geschmacksverstärkern des Eigeninteresses und den Aromastoffen der Erzählkunst, darf man eigentlich gar keinem glauben, zuallerletzt sich selbst. Siehe Kurosawas großen Film *Rashomon*: Jeder Vorfall gebiert so viele Wahrheiten, wie es Beteiligte und Zuschauer gab. Der Original-*Rashomon* dreht sich zwar um ein mörderisches Geschehen, aber die vielen kleinen *Rashomon*-Remakes im Klassenzimmer handeln ja immerhin von Ungerechtigkeit, Demütigung, Unglück, Ohnmacht, Zorn. Und im Klassenzimmer gibt es ungleich mehr Zeugen als in Kurosawas Film, was die Undurchschaubarkeit und die literarische Kraft des Geschehens steigert.

Man müsste, um zu wissen, was in der Schule geschah, immerzu dabei sein und zusehen. Aber selbst dann begriffe man es nicht. Außerdem ist man als Erwachsener ja heilfroh, der Schule endlich entkommen zu sein. Letzten Endes glaubt man im Zweifelsfall dem eigenen Kind. Man weiß zwar, dass der unzuverlässigste Kantonist in diesem ganzen Spiel der über sein Kind gebeugte Vater ist, dem von einem »Vorfall« erzählt wird. Denn der Alte, der im Kind seinen Stellvertreter sieht, fühlt sich mitgemeint und angegriffen, und wenn er mit einem Lehrer spricht, so sieht er in diesem Mann immer auch den Lehrer, den er einst selbst hatte, und wird kleiner, ohne es zu wollen. Und der Lehrer spürt, wie sein erwachsenes Gegenüber schrumpft, und wird größer, ohne es zu wollen. Übertragung und Gegenübertragung nennen das die Psychologen.

Was hilft dagegen? Die große gemeinsame Erzählung, an der Lehrer, Kind und Vater auf gleicher Höhe teilnehmen. Schwer herzustellen. Manchmal gelingt es. Das sind dann Erzählungen, die keiner von den dreien vergisst – und die sich weit über die alltäglichen kleinen Formen von Notlüge und Gegenangriff erheben. Es sind Erzählungen fürs ganze Leben.

Peter Kümmel

117.
Darf ich ein Referat
für mein Kind schreiben?

Klar, tun Sie das! Machen Sie Ihrem Kind das Leben so leicht wie möglich. Beraten Sie es nicht nur, nein, nehmen Sie ihm die Dinge ruhig ab, denn Sie können's doch sowieso viel besser. Das Thema des Referats war diesmal auch besonders schwierig, oder? Das schafft Ihr Kind unmöglich allein, bei diesem furchtbaren Lehrer, der nie klare Anweisungen gibt, aber unverschämte Anforderungen stellt. Alle anderen Eltern tun's ja auch: Wenn ausgerechnet Sie nun Ihr Kind allein wurschteln ließen, stünde es mit seiner ehrlichen Vier plus am Ende ganz schön dumm da. Diese Schlappe würde Ihr sensibles Kind niemals verkraften! Und Sie wünschen sich doch, dass Ihr Kind sieht, wie leicht Ihnen die Dinge fallen, das macht ihm sicher Mut und gibt ihm ein gutes Vorbild.

Wie bitte – ob es so vielleicht nie lernen wird, Schwierigkeiten allein zu überwinden? Den eigenen Fähigkeiten zu vertrauen? Sich stark zu fühlen? Ob es Sie nicht eines Tages hassen wird für Ihre dominante Besserwisserei?

Nein, nein – das wird nicht passieren. Glauben Sie mir, ich kenn mich da aus, das weiß ich einfach besser als Sie!

Iris Mainka

118.
Darf ich stolz sein,
wenn mein Kind in »Betragen«
eine Drei hat?

Tief drin in meiner Seele darf ich sowieso alles. Meine Gedanken müssen nicht moralisch oder vorbildlich sein, es ist schwierig genug, sein Verhalten so zu gestalten, dass man sich seiner nicht schämen muss. Natürlich gebe ich mich besorgt, nach außen, auch wenn ich selbst ebenfalls eine Drei in Betragen hatte und mein weiterer Lebensweg sich trotzdem einigermaßen erfreulich gestaltet hat.

Erziehung ist Heuchelei! Rollenspiel! Als Kinder haben wir selber fast all das getan, was wir später, als Eltern, zu unterbinden versuchen. Wir haben die Seiten gewechselt, wir spielen eine biologisch notwendige Rolle, wir formen ein Über-Ich. Das ist der Job. Gleichzeitig sollten wir die Erinnerung an das Kind bewahren, das wir selbst einmal waren (ein schwieriges Kind? Ein ängstliches Kind?). Diese Erinnerung gibt uns Gelassenheit und bewahrt uns vor Überreaktionen.

Meine damaligen Lehrer tun mir heute ein bisschen leid. Eigentlich bin ich nicht stolz. Aber im Kern war ich ein guter Junge. Glaube ich, hoffe ich.

Harald Martenstein

119.
Darf ich meinem Kind
eine falsche Entschuldigung
schreiben?

Nein. Lügen ist falsch. Schriftliches Lügen erst recht. Und die Kinder auch noch zu Komplizen der eigenen Unfähigkeit zu machen, Verantwortung zu übernehmen, geht gar nicht. Klares Nein.

Heinrich Wefing

120.
Was tue ich,
wenn mein Kind
durchs Abitur fällt?

Das Abitur stellt eine enorme Zäsur dar – im Leben eines Abiturienten und im Leben von Eltern. Es ist das eine große Etappenziel, auf das – wenn es gut geht – alle hinarbeiten. Die Zukunft dahinter verschwimmt im Nebel des Ungewissen, verglichen mit der enorm konkreten Prüfungsklippe, die vor dem Kandidaten aufragt.

Wenn dann etwas schiefgeht, hält die Zeit an. Die Mitschüler und Freunde, eben noch unzertrennlich mit dem Gescheiterten verbunden, stehen auf einmal auf der anderen Seite und können kaum helfen, allein schon, weil sie die eigene Erleichterung nicht verbergen können. Und der Prüfling, der sich in ganz einzigartiger Weise zusammengenommen, ja, zusammengeballt hat, um es irgendwie zu schaffen, kann kaum anders, als in eine vorausschauende Erschöpfungsdepression zu verfallen: Das alles jetzt noch einmal? Noch einmal? (Und er kann von Glück sagen, wenn sich in seinem Bundesland nicht auch noch just in diesem Jahr die Abiturprüfungsverordnung ändert.)

Es mag robuste jugendliche Charaktere geben, die die Enttäuschung relativ schnell abschütteln, das Schicksal akzeptieren und schon einmal überlegen, welche Mitschüler aus dem neuen Jahrgang sie eigentlich näher kennen. Aber generell tun Eltern gut daran, das vergeigte Abitur als ernstzunehmende Lebenskrise zu betrachten. Für eine große Krise gibt es keine allgemeingültigen Regeln. Immer richtig ist sicher, unerschütterliche Solidarität mit dem erschütterten Kind zu zeigen. Ein Versagen, eine Unzulänglichkeit macht nicht den ganzen Menschen aus, und noch weniger wird dadurch die Beziehung zwischen Eltern und Kindern verändert – wenn diese von Liebe und Vertrauen geprägt ist.

Es kann natürlich sein, dass der gescheiterte Abiturient seinen Schulabschluss geradezu mutwillig aufs Spiel gesetzt hat und dass die nicht bestandene Prüfung für die Eltern nur eine weitere Episode in einem mühsamen Kampf ums Erwachsenwerden ihres Kindes ist. Trotzdem sollten echte Erwachsene die Demütigung, die im Durchfallen liegt, nicht unterschätzen, selbst dann nicht, wenn ihnen eine Fassade der Coolness präsentiert wird. Man muss in einer solchen Situation nicht täglich problemorientierte Gespräche führen (und Vorwürfe, so viel Lust man haben mag, sie zu erheben, sind völlig kontraproduktiv). Es geht vielmehr darum zu zeigen: Du bleibst unser Kind, auf welche größeren oder kleineren Umwege dich dein Leben auch führen mag. Wer das deutlich genug macht, kann sicher mit der Zeit auch einmal über Arbeitstechniken, Zeiteinteilung und mögliche Nachhilfe in den Sommerferien sprechen.

Susanne Gaschke

121.
Muss mein Kind
aufs Gymnasium?

Karrierewahn und Abstiegsangst sind weit verbreitet, und wer wollte nicht das Beste für sein Kind, also in jedem Fall das Abitur, hoffentlich ein Studium? Wäre ja auch schön. Und wenn das Kind nicht will? »Der Mensch, der nicht geschunden wird, wird nicht erzogen« lautet das furchtbare Diktum des Griechen Menander, und daran ist wahr, dass Erziehung ohne Überredungskunst und Druck selten auskommt. Wahr ist aber auch, dass man aus keinem Kind etwas machen könnte, das nicht in ihm steckt. Das aber herauszufinden ist das Schwierigste, und gelingen kann es nur, wenn beide Teile daran mitwirken. Ein Erziehungsprogramm gegen das Kind muss misslingen. Und wenn sich nun zeigt, dass es im Gymnasium merklich am falschen Platz ist (weil es sich überfordert fühlt, weil seine Begabung anderswo liegt), dann sollte man eine andere Schule wählen. Zufrieden, gar glücklich kann werden, wer seinen Beruf selber bestimmt. Unzufrieden, gar unglücklich wird mit Sicherheit, wer sich in die falsche Laufbahn gepresst sieht.

Ulrich Greiner

122.
Soll ich sagen,
wie schlecht ich
in Mathe war?

Unbedingt! In irgendetwas muss der Vater schließlich schlecht sein. Vielleicht beflügelt dieses Wissen das Kind sogar, es dem Vater mit der Kurvendiskussion mal so richtig zu zeigen und Ableitungen nicht durch Ablenkungen misszuverstehen. Falls das Kind aber doch schlechte Mathenoten hat, dann kann man es mit dem Hinweis auf die Mutter trösten. Die war zwar im Mathe-Leistungskurs immer sehr gut. Aber Kopfrechnen kann sie heute schlechter als der Vater.

Tobias Timm

123.
Soll ich mich
in die Studienwahl
meines Kindes einmischen?

Ehemals studierten die Kinder (die Söhne) das, was die Väter für sie vorgesehen hatten. Später studierten die Kinder (jetzt waren auch schon Töchter dabei) das, was den Vorstellungen ihrer Väter am schärfsten widersprach. Heute studieren die Kinder (und in der Mehrzahl sind es Töchter) das, was ihnen der Numerus clausus erlaubt. Und wenn sie eine Wahl haben und wenn elterlicher Rat überhaupt noch gefragt ist, dann sollte man ihnen auf jeden Fall raten, ihren Neigungen zu folgen und nicht den Irrlichtern des Arbeitsmarktes.

Ulrich Greiner

124.
Bin ich eine schlechte Mutter,
wenn ich mein Kind
in ein Internat gebe?

Wie blöd, dachte ich früher, wenn man mir mit dieser Frage kam. Als wären sämtliche Internate Auffangbecken für Scheidungsopfer, Wohlstandsverwahrloste, Schulversager und Loser aller Art, deren Eltern sich nicht mehr anders zu helfen wissen, als ihren Nachwuchs bequem zu entsorgen und professionellen Pädagogen zu überlassen.

Aber so einfach lässt sich das Thema nicht mehr wegschieben, seitdem wir wissen, dass in renommierten Heimschulen über Jahre hinweg Minderjährige missbraucht wurden. Erzieher, Pädagogen, sogar Patres – Menschen also, die

146

ihr Leben unter einen ganz besonderen moralischen Anspruch gestellt haben, wie man meinen sollte – nutzten Nähe und Gelegenheit zu abscheulichem Verhalten.

In den Jahren, bevor diese Fälle bekannt wurden, hatten sich Internate erstaunlicher Beliebtheit erfreut, offensichtlich weil eine wachsende Zahl von Eltern und Schülern restlos genug vom öffentlichen Schulsystem hatte, von G8, von überfüllten Klassen, von desinteressierten Lehrern und von der Herumreformerei am Bildungswesen. Immer mehr waren auf der Suche nach der heilen Schulwelt und glaubten sie in den Internaten zu finden.

Odenwaldschule, Ettal, Aloisiuskolleg – heute stehen die Namen für pädagogische Inkompetenz.

Kann man sein Kind noch voller Vertrauen in eine Schule schicken, in der Lehrer so eklatant versagt haben, überhaupt in ein Internat? Die Vorstellung, die Fortsetzung der Schullaufbahn fern von zu Hause könnte sich als fatale Fehlentscheidung herausstellen, Traumata und Verletzungen mit lebenslangen Folgen nach sich ziehen, ist für engagierte Eltern grauenhaft.

Übersehen darf man bei aller Sorge aber nicht, dass in der Mehrzahl der Schulen nichts vorgefallen ist, das beunruhigen muss. Und daher gilt nach wie vor: Für manche Kinder in dysfunktionalen Familiensituationen kann ein Internat die Rettung sein. Wenn man zwischen 14 und 17 sich mit den Eltern Tag für Tag Auseinandersetzungen liefert, die nur noch nerven, wirkt eine räumliche Trennung hilfreich. Wer in der Schule am Heimatort eine Niederlage nach der anderen erlebt, bekommt in einer Heimschule die Chance, noch mal von vorn anzufangen. Schon häufig haben sich dann ungeahnte Erfolge eingestellt.

Meine Kinder wollten ins Internat, beide. Sie hatten von Schulen dieser Art viel gehört – von mir. Aus meinem

Freundeskreis, der auch aus dieser Zeit herrührt. Schon vor der Lektüre von *Harry Potter* hatten sie die Vorstellung, dass es ziemlich cool sei, den ganzen Tag mit Gleichaltrigen zusammen zu sein, zu lernen, Musik oder Sport zu machen, Freundschaften zu schließen, zu feiern und Anregungen zu bekommen, die nur in einer großen Gemeinschaft möglich sind.

Darf man also sein Kind – immer noch – auf ein Internat schicken? Keinesfalls, wenn es selbst nicht will. Und nicht, ohne dass die Familie sich zusammen mindestens drei Schulen angeschaut hat, bevor die Entscheidung fällt. Nicht nur, um festzustellen, ob der Schulleiter nett ist, sondern um die Atmosphäre der Schule zu spüren, die Stimmung unter den Schülern mitzubekommen und nach Möglichkeit sich auch bei Ehemaligen zu erkundigen, was sie an diesem Internat erlebt, was sie als gut und was als weniger gut kennengelernt haben.

Ist das alles in die Überlegung eingeflossen, sind alle Pullover mit Wäschenummer gekennzeichnet, die Koffer gepackt, die ersten Anrufe über 300 Kilometer Entfernung hinweg überstanden, dann können sich Eltern darauf gefasst machen, dass aus einem Chiller plötzlich ein Punktesammler, aus ihrem süßen Partyküken die Chefin des Schulcafés wird. Ärger? Gehört dazu. Wegen Alkohol, verpasster Abmeldung oder Krach auf dem Zimmer. Alles schon gehabt, alles gut geregelt. Irgendwann kommt der Abschied, und gerade die Coolsten brechen bei der Abi-Fete in Tränen aus, weil eine großartige, eine prägende Zeit vorüber ist. Dass man auf herzergreifende Art eine Schule lieben kann – das trifft für Internatsschüler auffallend häufig zu.

Anna von Münchhausen

125.
Darf ich, wenn mein Kind
auf dem Schulhof
geschlagen wird, sagen:
»Schlag zurück«?

Beim *Kleinen Nick* war die Sache noch einfach: Wer eine Brille trägt, wie der Klassenstreber Adalbert, dem darf man keine reinhauen. Ansonsten gilt: Immer feste druff, es geht nichts über eine zünftige Rauferei. Heutzutage tritt bei Raufereien der Mediator auf den Plan, und wenn es schneit, stehen auf dem Schulhof Schilder mit der Aufschrift »Schneemann ja, Schneeball nein«. Könnte ja ein Steinchen drinstecken. Wer doch zur Aggression neigt, wird von seinen Appeasement-geschulten Kameraden durch mildes Verständnis schachmatt gesetzt: »Weißt du, der Kevin haut manchmal, weil er kennt nicht so viele Wörter.«

Was aber tun, wenn der Kevin nicht aufhört zu hauen? Dann muss man dafür sorgen, dass aus einem Kevin nicht viele werden und aus einer Rauferei kein Mobbing. *Flexible response* heißt die Strategie, die bei der Nato die Hau-drauf-Methode *massive retaliation* ersetzt hat, ihre Anwendung empfiehlt sich durchaus für den Schulhof. Was folgt daraus für den siebenjährigen Sohn? Erstens: Man haut, wenn möglich, nicht gleich zurück, sondern ruft erst mal Alarmstufe eins aus: »Lass das!« Wenn das keinen Erfolg hat, droht man Sanktionen an: »Mach das noch EIN MAL, und ich hau zurück!« Wenn das auch keinen Erfolg hat, wird es ernst. Dann nämlich, lieber Sohn, greift die wichtigste Regel, dann endet die Theorie, und der Praxistest beginnt: Wenn man etwas androht, muss man auch bereit sein, es zu tun. Sonst erleidet man das Schicksal der UN.

Tina Hildebrandt

126.
Darf ich als Vater
mit meinen eigenen
Schulhofschlägereien prahlen?

Kinder sollen selbstverständlich zur Friedfertigkeit erzogen werden. Wer also in der Jugend ständig auf die armen Mitschüler einprügelte, der sollte dies vor seinem Nachwuchs besser verschweigen. Aber die Erzählung von der einen großen, wichtigen Schlägerei im Dienste der Gerechtigkeit kann dem Kind nicht schaden. Die Geschichte sollte möglichst dem David-gegen-Goliath-Muster folgen, vom Sieg des Schwachen gegen die Starken künden. Mein Vater etwa berichtete uns Kindern, dass er nur ein einziges Mal zuschlagen musste, um hernach ein friedvolles Schulleben führen zu können. Er war zuvor von Älteren gepeinigt worden. Sein Vater wiederum hatte ihn gelehrt, dass man – wenn es einmal unbedingt nötig sei – mit der Faust nicht *auf* den Kopf des Gegners zielen solle, sondern *in* den Kopf. Damit der Schlag auch wirkt.

Wenn mein Sohn die ersten Probleme auf dem Pausenhof hat, dann werde ich mit den Taten seiner Tante, meiner kleinen Schwester, prahlen. Ein schwächlicher Klassenkamerad von ihr war seit Längerem von einer Gruppe Jugendlicher aus seiner Nachbarschaft gepiesackt und erpresst worden. Eines Tages drohte er den Erpressern mit einer fiktiven Gruppe von Schulfreunden, die ihn angeblich rächen würden. Die Erpresser nahmen die Drohung sportlich und erschienen am folgenden Tag in Mannschaftsstärke und mit Knüppeln ausgerüstet auf unserem Pausenhof. So etwas hatte man an dieser Schule, die nahe dem Münchner Hauptbahnhof gelegen ist, noch nicht erlebt. In Panik flohen Schüler (darunter auch ich) und Lehrer in das Schulgebäude. Die angereisten Schläger hatten ihr Opfer aber schon entdeckt und wollten ihm nachsetzen. Ein Lehrer verriegelte die Tür hinter ihm. Die noch draußen standen, waren eine wegen ihres Übergewichts verspottete Lehrerin und – meine 13-jährige Schwester.

Wir, die wir ins Schulinnere geflohen waren, konnten nicht sehen, was genau sich in den nächsten Minuten auf dem Pausenhof abspielte. Nachdem die Polizei alarmiert worden war, trauten sich dann ein paar Mutige hinaus. Sie sahen die Schläger davonrennen. Ihr Rädelsführer hatte ein blutiges Gesicht. Meine Schwester gab später zu Protokoll, sie habe den Anführer nur ein wenig geschubst. Der sei leider unglücklich gefallen.

Tobias Timm

127.
Darf ich mein Kind
ins Ausland treiben?

Im Zweifelsfall: Ja! Denn bei einem Kind, das nicht freiwillig ins Ausland gehen will, wenn seine Eltern ihm das ermöglichen, muss man annehmen, dass etwas mit der Erziehung zu Selbständigkeit und Neugierde nicht funktioniert hat. Dann ist es höchste Zeit für einen Schubs in aller Liebe.

Für die ganz Zögerlichen, für die »Mal-schaun«- und die »Weiß-nicht«-Typen übrigens empfehle ich Afrika: Freiwilligenarbeit in einem kenianischen Waisenhaus zum Beispiel oder in einem Aids-Projekt in Swasiland.

Da reifen Jugendliche blitzschnell nach. Und wissen plötzlich genau, was sie vom Leben wollen und dass sie selbst etwas dafür tun müssen.

Wolfgang Lechner

Sex, Drugs & Rock 'n' Roll

128.
Darf das Baby
mit zur Party?

Ein Wunsch der neuen, großstädtischen Elterngenera-
tion lautet: Trotz eines Kindes, das man sich sehnlichst
gewünscht hat, möge das Leben, das man vorher hatte,
ähnlich weitergehen. Eine Mutter und ein Vater, die schon
»vorher« kulturinteressiert waren, wollen auch »nachher« noch ins Theater, ins Kino, zum Konzert. Aber tatsächlich teilt sich das Leben mit der Geburt in ein Vorher und in ein Nachher – anders ausgedrückt: Man gibt
etwas ab, und dafür bekommt man etwas anderes. Alles
in allem ein guter Deal. Und natürlich kann man, wenn
man Kinder hat, auf eine Party gehen und feiern und trinken. Und das Baby bleibt da, wo es hingehört, nämlich zu
Hause, im Bett. Denn eine Party ist Erwachsenenvergnü-
gen – Babys macht so etwas eher wenig Spaß, man hört
selten von sieben Monate alten Mädchen, die um 23 Uhr
in der Küche des Gastgebers angeregt diskutieren. Man
hört auch selten von Eltern, die einen entspannten Party-
abend verbringen, während ihr Kind im Schlafzimmer
zwischen Jacken und Mänteln der Gäste schläft – tatsächlich verdirbt man auch allen anderen Gästen den Abend,
wenn man sich über Zigarettenrauch und Lautstärke
aufregt.

DARF DAS BABY MIT ZUR PARTY?

Es gibt gute Orte für Babys – und es gibt schlechte Orte für Babys. Eine Party ist kein guter Ort.

Matthias Kalle

129.
Wie verhalte ich mich, wenn mein zwölfjähriger Sohn Youporn schaut?

Ach, herrje, diese alberne Diskussion um ein Phänomen, das es nachweislich nicht gibt. Es gibt keine »Generation Porno«, keine einzige Jugendstudie bestätigt deren Existenz, tatsächlich verschiebt sich zum Beispiel der Zeitpunkt des »ersten Mals« immer weiter nach hinten. Den ersten Geschlechtsverkehr haben Jugendliche immer später – und wenn sie ihn dann haben, passiert dabei auch nicht das, was man von Pornos zu kennen glaubt. Die Prozentzahl von »riskantem Sexualverhalten«, das sagt der renommierte Jugendforscher Klaus Hurrelmann, bewegt sich im Promillebereich – und das quasi schon seit Jahrzehnten.

Wie war das denn eigentlich früher, als man selber 13, 14, 15 Jahre alt war? Da wusste man doch auch ganz genau, wen man auf dem Schulhof fragen musste, um an einen Porno ranzukommen. Jeder kannte doch irgendwen, der bei seinen Eltern so eine Videokassette gefunden hatte oder ein Heftchen. Und wer dann damals so etwas auch mal gesehen hat, aus dem wurde ja auch nicht gleich ein frauenverachtender Scheißkerl.

Zurück zur Frage. Im Prinzip gibt es zwei Möglichkeiten: Entweder Sie tun gar nichts – weil es unangenehm sein könnte, ein bisschen peinlich für den Sohn und auch für Sie –, oder aber Sie reden mit ihm. Nicht über Sex. Sondern über die Liebe und was sie bedeutet, was sie anrichten kann. Über die Schönheit dieses Gefühls, zu dem irgendwann, wenn man älter ist, auch gehört, dass eine Frau und ein Mann miteinander schlafen. Und wie sie das tun, wie sie ihre Liebe feiern wollen, das ist dann ihre Sache, das geht niemanden etwas an, da schaut auch niemand bei zu.

Matthias Kalle

130.
Muss ich dafür sorgen, dass es einen guten Ort für das erste Mal gibt?

Nein. Sie müssen nur dafür sorgen, dass Sie nicht in der Nähe sind. Das ist eigentlich das Einzige, denn es ist ja nicht Ihr erstes Mal, sondern das erste Mal Ihres Kindes, und wenn Ihr Kind nicht völlig bekloppt ist, dann wird es Sie eh nicht vom genauen Zeitpunkt oder Ablauf in Kenntnis setzen.

Abgesehen davon gibt es ja gar keinen guten Ort für das erste Mal. Erinnern Sie sich? Es ist doch so: Ein Bett, das mit Rosenblüten bestreut wurde, gedämpftes Licht, Kuschelrock-CD – trotz solcher Vorbereitungen kann das erste Mal zum Desaster werden, während man schon von Leuten gehört hat, die noch heute von ihrem ersten Mal auf einer dunklen Parkbank im November schwärmen. Bei Nieselregen.

Dinge passieren – und Dinge passieren ohne Ihre Zustimmung, ohne Ihr Zutun. Zum Glück.

Matthias Kalle

131.
Wann soll ich
mit meinem Kind
das erste Bier
trinken?

Wenn Sie selber kein Bier trinken: nie. Wenn Sie aber ab und an mal ein Bier trinken, müssen Sie Ihrem Kind sogar irgendwann davon abgeben. Das ist Teil der Erziehung.

Der bekannte Jugendforscher Klaus Hurrelmann, den wir noch einmal gern als Kronzeugen benennen, bedauerte vor Kurzem, dass Eltern in Deutschland ihre Kinder nicht an den Alkohol heranführen. Kinder trinken ihren ersten Alkohol mit anderen Kindern – ohne Aufsicht, ohne eine erfahrene Bezugsperson. Demnach müsste die Antwort etwas flapsig lauten: So früh wie möglich. Noch richtiger allerdings: So früh wie nötig. Wenn ein Kind mit, sagen wir, sieben oder acht Interesse an der Bierflasche vom Papa oder am Weinglas der Mama zeigt, dann sollte man es nippen lassen. Im besten Fall lernen Kinder so einen kultivierten Umgang mit Alkohol – klingt fürchterlich, es gibt ihn aber.

Matthias Kalle

132.
Was mache ich,
wenn mein 14-jähriger Sohn
stinkbesoffen
nach Hause kommt?

Natürlich sind Sie alarmiert von all den Berichten über Komasaufen und über Jugendliche, die mit einer Alkoholvergiftung in die Notaufnahme eingeliefert wurden – tatsächlich starben in Deutschland Jungs und Mädchen, weil sie ihrem Körper und ihrem Geist zu viel Alkohol zugefügt haben. Und natürlich will man vermeiden, was man vermeiden kann, aber irgendwann kommt dann halt doch der Moment, und der Sohn schwankt und lallt, und plötzlich denkt man dann auch, dass das nicht mehr der eigene Sohn ist, so fremd wirkt er.

Das kann ein Schock sein, aber geschockte Eltern sind selten gute Eltern, und in diesem Fall hilft, so blöd das klingen mag: Nüchternheit. Sie müssen nüchtern Ihrem Kind beistehen, machen Sie keine große Sache draus, schimpfen Sie nicht. Aber wir raten auch nicht zu Szenen, wie man sie auch heute noch von Konfirmationen im ländlichen Raum kennt. Wenn da bei der Feier der Sohn nach drei Bier und zwei Korn nicht mehr gerade durch die Wache geht, dann klopfen ihm schon mal der Papa und der Opa anerkennend auf die Schulter. Der Junior! Der schafft was weg! Ganz in der Familientradition.

Wenn Sie in jüngeren Jahren Frage 131 beherzigt haben, können Sie aber immerhin davon ausgehen, dass der Kater nicht so schlimm wird.

Matthias Kalle

133.
Darf mein Kind
mich betrunken
sehen?

Anders gefragt: Wer sollte einen überhaupt betrunken sehen? Sobald man 23 ist, im Prinzip so wenig Menschen wie möglich, denn irgendwann ist es eben nicht mehr lässig und cool, wenn man durch die Gegend torkelt und dummes

Zeug erzählt. Kinder sollten ihre Eltern nicht betrunken sehen, weil man als Betrunkener in der Nähe eines Kindes nichts verloren hat. Wenn das Kind noch klein ist, verletzt man ab einem gewissen Promillewert seine Fürsorgepflicht – wenn das Kind älter ist, dann wirkt ein betrunkener Vater, eine betrunkene Mutter nur noch lächerlich. Das Kind darf seine Eltern natürlich mit einem alkoholischen Getränk in der Hand sehen – natürlich! –, an anderer Stelle geht es darum, dass Kinder einen vernünftigen Umgang mit Alkohol nur dadurch lernen können, dass sie den maßvollen Genuss an ihren Eltern erleben können. Das heißt aber nicht, dass Eltern als abschreckendes Beispiel dienen, wenn sie vor ihrem Kind das Klo vollkotzen. Die pädagogische Wirkung des Satzes: »Du willst doch nicht, dass es dir mal so dreckig geht wie Papa gerade, oder?« scheint fragwürdig.

Matthias Kalle

134.
Was mache ich, wenn meine Tochter mit 14 einen 18-jährigen Freund hat?

Der Feind von damals kehrt also tatsächlich zurück …

Meine Tochter ist fast drei Jahre alt, ich werde noch elf Jahre Zeit haben, um mich auf die erneute Niederlage, auf die erneute Schmach vorzubereiten, denn es ist und es war doch so: Früher, als ich begann, Mädchen zu begehren, da wollten sie nichts von mir wissen. Das lag nicht an meinem Aussehen, und es lag auch nicht an meiner Intelligenz und meinem Humor – es lag einzig und allein daran, dass ich genauso alt war wie sie. Und das kam nicht infrage. Die Mädchen wollten mehr, und sie wollten es sofort.

Ich werde nie diese Momente vergessen, wenn die 14-Jährige, in die alle Jungs aus meiner Klasse verliebt waren, nach der Schule von ihrem 18-jährigen Freund abgeholt wurde. Damals sahen und erkannten wir zum ersten Mal den Feind, den »Älteren Jungen«, er hatte einen Vorsprung, den wir niemals wettmachen konnten. Vier Jahre – was um alles in der Welt kann man gegen die Ewigkeit von vier Jahren ausrichten! Nichts, gar nichts konnte man tun, außer die Musik von The Cure und von The Smiths hören.

Und so wird sich die Geschichte wiederholen. Wieder wird es ein 18-Jähriger sein, der mir mein Mädchen wegnimmt. Wieder kann ich dagegen nichts tun, denn so ist die Welt. Was bleibt, ist der Gang zum CD-Regal. Und Morrissey singt noch einmal für uns »Heaven Knows I'm Miserable Now«.

Matthias Kalle

135.
Muss ein Mädchen immer von der Mutter und ein Sohn vom Vater aufgeklärt werden?

Die schlichte Tatsache, dass diese Frage ein Vater beantwortet – und nicht eine Mutter –, gibt bereits die Antwort. Denn wir sind, ob wir es albern, peinlich oder dumm finden, sogenannte »moderne Eltern«. Ich wollte bei der Geburt meines Kindes eigentlich im Wartezimmer warten, ich hatte da so ein Bild im Kopf, das Bild eines Mannes, der eine Zigarette nach der anderen raucht, andauernd neue Kaffeepappbecher zerknüllt und dabei ständig auf die Uhr schaut. Und immer, wenn eine Tür aufgeht, springt der Mann hoch, schaut fragend und entsetzt, und irgendwann sagt eine Schwester »Herzlichen Glückwunsch!«.

Das Bild ist alt, wahrscheinlich existiert es nur noch in meinem Kopf und in Hollywood-Filmen aus den fünfziger Jahren. Heute gibt es das schon lange nicht mehr, und selbstverständlich wich ich meiner Frau während der Geburt nicht von der Seite, nur einmal, ganz kurz, weil ich Hunger hatte.

Moderne Eltern also. Klischees sind ja auch deshalb Klischees, weil sie stimmen, und das Klischee der modernen Eltern besagt, dass es natürlich immer noch den Mann gibt, das ist der Vater, und es gibt die Frau, das ist die Mutter, aber die Aufgaben werden nicht nach Geschlecht verteilt, sondern nach Qualifikation. In einer Familie sollte jeder das tun, was er am besten kann. Das gilt für alle Bereiche. Auch für die Aufklärung. Außerdem gilt: Wer gefragt wird, der ist dran.

Matthias Kalle

136.
Soll ich
meinem Kind von meinen
Drogenerfahrungen
erzählen?

Ja und nein. Es geht nicht darum, ob man vom eigenen Drogenkonsum erzählt, sondern wie, in welchem Moment und mit welcher Intention. Angeberei ist ebenso zu vermeiden wie Horrifizierung.

Sinnvoll hingegen ist es, dem Kind zu veranschaulichen, dass es nicht von einem Marsmenschen erzogen wird, sondern von einer Person, die etwas Ahnung hat vom Leben, von Schulhöfen und Discos.

Ursula März

137.
Wie viel muss ich wissen
über das Sexleben
meines Kindes?

Gegenfrage: Wann beginnt das eigentlich? Wenn kleine Jungs ein Wettpinkeln veranstalten? Wenn die Fünfjährige versunken auf der Sessellehne hin und her rutscht? So weit, so Freud, so offensichtlich. Die Frage zielt offenbar auf ein anderes Alter. Sagen wir: ab 14, wenn die ersten Knutschpartys dran sind. Regeln setzen ist in Ordnung, Fragen nach Details provozieren aber meist Heimlichtuerei. Papa mag den Kerl mit Lederjacke furchtbar finden, der die Tochter abholt. Mama mag sich irgendwann Sorgen machen, ob der Sohn genug Ahnung von Verhütung hat. Zu spät! Lebbe ist weitergegangen, Kind ist groß, und morgens begrüßt man eines Tages am Frühstückstisch einen Unbekannten, der offensichtlich hier übernachtet hat. Die einzige Frage, die dann möglich ist, lautet: Kaffee oder Tee?

Bekanntlich ist das pubertäre Hirn eine einzige Baustelle. Was daran liegt, dass insbesondere der Frontallappen des Gehirns in dieser Phase seine Tätigkeit komplett einstellt. Normalerweise ist er dafür zuständig, die Folgen des eigenen Handelns vorauszuberechnen und einzuschätzen. Dass das gerade jetzt nicht mehr stattfindet, hat Folgen, auch was die Sexualität betrifft. Darauf sollten Eltern gefasst sein. Dennoch lautet meine Antwort auf die Frage: Wissen muss ich nur das, was mein Kind, das jetzt kein Kind mehr ist, mir selbst erzählt.

Anna von Münchhausen

18 & älter

138.
Mit 23
noch zu Hause:
Wann darf man Kinder
vor die Tür setzen?

Auweia: Wenn sich die Frage erst einmal so stellt, spricht viel dafür, dass es sich um einen Fall von falsch verstandener Elternliebe handelt. Kinder, die nicht von ihren Eltern eingeengt wurden und sich zu einer eigenen Persönlichkeit entwickeln durften, wollen hinaus aus dem Nest. Auch wenn es in der eigenen Bude nicht ganz so komfortabel ist wie im Hotel Mama.

Allerdings: Wenn die Frage wirklich mit »darf« formuliert wird, statt mit »muss«, dann ist außerdem zu befürchten, dass die Eltern (oder die Mutter oder der Vater) den jungen Nesthocker gar nicht loswerden *wollen*. Weil sie sich auch selber nicht weiterentwickelt haben seit den Jahren, als das Kind noch ein hilfloser Säugling war und sie nur Eltern und sonst nichts.

Was dann noch hilft? Fragen Sie Ihren Psychotherapeuten oder Schlüsseldienst! Oder bekennen Sie sich ganz bewusst zur Mehrgenerationen-WG! Allerdings zu einer mit klaren Regeln, in der jeder zu gleichen Teilen für schmutziges Geschirr und die ungebügelte Wäsche zuständig ist. Kann gut sein, dass sich Ihr Problem dann von selbst löst.

Und Sie aus dem Kinderzimmer bald ein wunderbares
Gästezimmer machen können.

Wolfgang Lechner

139.
Nach dem Auszug:
Das alte Kinderzimmer
umbauen – ist das gemein?

Kinder sind entweder Nesthocker oder Nestflüchter. Ein
Drittes dazwischen? Gibt es nicht. Warum das so ist, dafür
haben Entwicklungspsychologen bislang keine einleuchten-
de Erklärung. Nur so viel steht fest: Zu beeinflussen ist dieses Merkmal nur bedingt. Sehr, sehr selten wird aus einem
Nesthocker noch einer, der mit 22 doch noch nach Shanghai
will. Und einen Nestflüchter aufzuhalten, nachdem er be-
schlossen hat, das »Work and Travel«-Programm auf einer
australischen Schaffarm zu testen, ist ungefähr so aussichts-
reich, wie den Papst in eine Schwulenbar zu locken.

Eines Tages sind sie also weg. Und man sitzt daheim und
denkt und bangt. Wie wird er zurechtkommen, der Kleine?
Wo wäscht er seine Hosen? Hat er überhaupt ein Bett, da
draußen in der Fremde? Was, wenn er Fieber bekommt?

In solchen Momenten ist der Anblick des Kinder-
zimmers eine Prüfung eigener Art. O nein: Da steht der
E-Bass, auf dem er gestern noch klimperte. Da liegt ein
linker Ohrring – den hat sie bei der Abreise vergessen. Da
hockt der abgeliebte alte Teddy im Regal. Vorbei, vergessen, abgelegt. Naheliegend, dass bei verwaisten Eltern mit
akutem Empty-Nest-Syndrom die Idee eines radikalen
Schnitts aufkommt.

Es gibt eine einfache Regel, wie lange das Zimmer für

das Kind unangetastet bleiben muss, unter allen Umständen. Nämlich so lange, wie er, wie sie draußen in der anderen Stadt, in dem anderen Land noch kein echtes eigenes Zuhause hat. Solange sie da draußen eben eher hausen als wohnen, muss es jederzeit möglich sein zu sagen: Komm erst mal nach Hause und schlaf dich aus. Dieses Angebot des Rückzugs ist, man kann das glauben oder nicht, sehr eng verbunden mit dem vertrauten Raum. Der ist im Notfall der Kokon, in dem sie sich regenerieren und Kräfte sammeln für das nächste Abenteuer.

Dass Mutti endlich ein kleines Arbeitszimmer für sich haben möchte oder das alte Kinderzimmer eigentlich ein ideales Gästezimmer abgeben würde – diese Wünsche müssen dann warten. Bis die ehemaligen Bewohner irgendwann tatsächlich nur noch zweimal im Jahr nach Hause kommen, zugunsten der neuen Bleibe das alte Zimmer restlos geplündert haben und es nicht mehr wichtig ist, ob im Elternhaus ein eigenes Zimmer wartet oder nicht.

Anna von Münchhausen

140.
Muss ich meiner Tochter, die gerade ihren Führerschein gemacht hat, mein Auto leihen?

Wie soll denn die Tochter sonst nach, zum Beispiel, Biarritz kommen? Zu Fuß? Mit dem Rad? Sie müssen natürlich gar nichts, aber sie sollten ihr schon das Auto leihen, wenn sie es denn will, denn Ihre Tochter hat endlich das Recht, die Welt zu sehen, da hinzukommen, wo sie sonst nie hinkam oder nur mit Ihnen, und das war immer nur der halbe Spaß.

Geben Sie ihr das Auto, egal, ob sie nur kurz mal ihre beste Freundin besuchen oder mit drei anderen nach Biarritz will.

Es sei denn, Sie haben das Auto viel lieber als Ihre Tochter und Sie trauen ihr nicht über den Weg. Aber wenn Ihr Verhältnis dergestalt ist, wird Ihre Tochter Ihr Auto wahrscheinlich einfach klauen. Und kurz hinter Biarritz im Meer versenken. Übrigens völlig zu Recht.

Matthias Kalle

141.
Die 19-Jährige
will nach dem Abi
durch Lateinamerika trampen.
Ist das nicht viel zu gefährlich?

Ja. Das ist viel zu gefährlich, deshalb machen das ja auch nicht Sie, sondern Ihre volljährige Tochter, die Sie nicht mehr beschützen können, beschützen müssen vor den Gefahren des Lebens.

Matthias Kalle

142.
Kann ich verlangen,
dass sich mein Kind,
wenn es ausgezogen ist,
wenigstens einmal in der Woche
meldet?

Typisches Telefongespräch zwischen einem 22-Jährigen in X und seiner Mutter in Y:

Er: »Hallo, Mutti!«

Sie: »Ach neee. Was für eine Überraschung!«

Oder: »Hat mein Herr Sohn mal wieder ein Minütchen übrig für seine Mutter?«

Vielleicht auch: »Na, ich wollte schon 'ne Vermisstenmeldung aufgeben ...«

Jetzt hör mal genau zu, Mutti. Wie oft in den vergangenen Jahren hast du dich beklagt, wie angebunden du seist? Dass nie Zeit genug für dich selbst übrig bleibe? Dass keiner merkt, was du leistest?

So, und jetzt ist auf einmal alles anders. Das Leben, sagt der Rabbi, fängt an, wenn die Kinder aus dem Haus sind und der Hund gestorben ist. Jawohl. Auf ein Neues.

Und nun kommst du und willst dich beklagen, die Kinder würden sich nicht mehr melden? Heute, da die Kinderaufzucht für manche Paare die Rolle einer Lebensaufgabe, eines zentralen Identitätsprojekts hat, gerät manchmal eins aus dem Blickfeld: Von einem bestimmten Zeitpunkt an besteht diese Lebensaufgabe darin, sich überflüssig zu machen.

Dann ist es wichtig, sich vor Augen zu führen, dass der Alltag von uns Eltern und jenem der großen Kinder nicht mehr recht kompatibel ist. Allein vom Tempo her. Merken wir doch, wenn sie erzählen, von ihrem atemlosen Leben, von dem, was sie beschäftigt, umtreibt oder glücklich macht. Dass sie sich nicht melden, ist in den seltensten Fällen böse Absicht. Spüren sie den ungeheuren Erwartungsdruck, wird es vermutlich länger dauern, bis das Telefon klingelt oder die Mail eintrudelt. Irgendwann lassen sie schon von sich hören – spätestens in Geldnot.

Anna von Münchhausen

143.
Darf ich erwarten,
dass mich mein Kind
später mal pflegt?

Wer ein Kind bekommt, macht mit bei einem großen Glücksspiel. Kann sein, dass es gesund, brav und hübsch wird, ehrgeizig, intelligent und mitfühlend. Kann sein, dass es krank ist, hässlich und nicht so schlau, wie man es sich erhofft, dass es einen, falls es schlimm krank ist, zur Selbstaufgabe zwingt. Auch wer vor der Geburt per Fruchtwasseruntersuchung versucht, alle Risiken zu minimieren, kann sich nicht in Sicherheit wiegen; wer garantiert ihm, dass das Kind nicht eines Tages vor ein Auto läuft und fortan schwerbehindert ist?

Es kann sein, dass man seinem Kind wesentlich mehr geben muss, als es je in der Lage sein wird zurückzugeben. Das ist die höhere Gewalt, der man sich beugen muss, wenn man ein Kind bekommt. Es gibt also keinen Vertrag zwischen Eltern und Kindern, der lautet: Ich kümmere mich um dich, wenn du klein bist, dafür kümmerst du dich um mich, wenn ich alt bin. In dem Vertrag steht nur: Ich kümmere mich um dich.

Erwarten darf ich insofern gar nichts, hoffen aber sehr wohl: dass ich zu meinen Kindern eine so enge Beziehung aufbauen und aufrechterhalten kann, dass es ihnen ein Bedürfnis ist, mich zu pflegen, wenn es nötig sein sollte.

Tanja Stelzer

Eltern & Eltern

144.
Wie sehr darf ich kinderlose Freunde mit Kindergeschichten behelligen?

Wahrscheinlich ist es was Hormonelles, jedenfalls ist die Wahrnehmung von Eltern, was für die Umwelt von Interesse sein könnte, in der Regel von der Geburt an für einige Jahre ziemlich gestört.

Damit Eltern wenigstens ein paar ihrer alten Freunde behalten können, die noch keine Familie gegründet haben, sollte die eiserne Regel formuliert werden: *Langweilen Sie kinderlose Gesprächspartner nicht mit Kindergeschichten.* Menschen mit Kindern und Menschen ohne Kinder leben in zwei getrennten Universen. Kinderlose wissen nicht, was eine Schnullerfee ist, und sie interessieren sich nicht dafür, wann ein Kind den »sch«-Laut korrekt bilden können sollte. Sie wissen nicht, was Müdigkeit ist. Sie wissen nicht, was schlechtes Gewissen bedeutet. Sie wissen nicht, dass eine Kita, die um 16 Uhr schließt, wirklich um 16 Uhr schließt und nicht um 16.05 Uhr. Das ist so, das kann man nicht ändern, und schon gar nicht ändert man es, wenn man dauernd erzählt von der Schnullerfee, der Müdigkeit, dem schlechten Gewissen, der Kita, die um 16 Uhr schließt. Damit sorgt man vor allem dafür, dass die Geburtenrate bleibt, wie sie ist.

Im Gespräch mit Kinderlosen gilt also: *Rede über deine Kinder nur, wenn du gefragt wirst.* Und wenn du gefragt wirst, antworte kurz und knapp.

Tanja Stelzer

145.
Muss ich mich mit den Eltern des besten Freundes meines Kindes gut verstehen?

Es schadet nichts, es macht Dinge einfacher, aber Sie sollten sich auch nicht dazu zwingen, wenn es schlichtweg nicht so passt. Ein Problem wäre es, wenn Sie die Eltern des besten Freundes Ihres Kindes auf den Tod nicht ausstehen können oder wenn es sich objektiv um furchtbare Idioten handelt – aber das müssen Sie rausfinden, und tatsächlich kann man sich ja auch irren.

Denn es ist doch so: Wenn man ein Kind bekommt, dann hat man ja bereits einen Freundeskreis – der Mann hat Freunde, die Frau hat Freunde, es gibt genug Freunde, mehr müssen es nicht mehr werden, Schluss, es reicht. Doch spätestens wenn das Kind in die Kita kommt, denkt man: Och, die Eltern von Teresa und Matilda – die sind ja auch ganz nett. Und irgendwann passiert es, dass man die Kinder morgens in die Kita bringt und einer fragt: »Noch schnell einen Kaffee?« Plötzlich sitzt man an einem Tisch, redet, zuerst über die Kinder, dann über dieses, dann über jenes, und irgendwann freut man sich auf das nächste Kaffeetrinken. Und eigentlich könnte man ja die Eltern auch mal zum Essen einladen …

Sie merken, worauf wir hinauswollen? Zum einen ist es schließlich Ihr Kind, Ihr Kind wird ja wohl so viel Geschmack haben, dass es sich nicht ein Idiotenkind zum besten Freund sucht, sondern ein nettes, und oft ist es so, dass nette Kinder auch nette Eltern haben. Und interessante. Denn zum anderen ist es ja wirklich eine Bereicherung, ein großes Glück, dass man im relativ fortgeschrittenen Alter noch Leute kennenlernt, die ganz was anderes machen als man selbst: Pfarrer, Ärzte, Bahnmitarbeiter – der Horizont weitet sich, der Freundeskreis auch, und das ist weder zum Nachteil der Kinder noch zum Nachteil der Eltern.

Matthias Kalle

146.
Wie reagiere ich, wenn ich Erziehungstipps von anderen Eltern bekomme?

Erziehungstipps funktionieren nie in eine Richtung, hier greift das Prinzip des Gebens und Nehmens: Ich weiß was, was du nicht weißt – dafür hast du aber mehr Ahnung von diesem und von jenem. Eltern können nicht alles wissen, müssen nicht alles wissen, aber gerade in den ersten Jahren ist es beruhigend zu sehen, dass es anderen genauso schlecht geht wie einem selbst, dass sie die gleichen Erfahrungen machen – aber eben vielleicht auch andere Lösungen gefunden haben.

Das ist natürlich das Ideal, und es geht leider auch anders. Es gibt Eltern, die geben Erziehungstipps in einer Art und Weise, dass einem angst und bange wird: Der Ton ist aggressiv, oberlehrerhaft, fast feindlich. Was freundlich gemeint ist, klingt in ihren Worten plötzlich wie ein bösartiger Vorwurf, wie: Versager, Rabeneltern, Jugendamt. So etwas können Sie im Prinzip nur kommentarlos über sich ergehen lassen. Wechseln Sie an geeigneter Stelle das Thema – und achten Sie darauf, sich von diesen Eltern fernzuhalten.

Matthias Kalle

147.
Was tue ich,
wenn mein Kind das Kind
meiner besten Freundin
nicht leiden kann?

Da tun Sie, das ist doch mal eine gute Nachricht, einfach gar nichts. Sie sind ja offensichtlich mit der Mutter befreundet, nicht mit deren Kind, deshalb sollte man bei der Freundschaft zwischen Erwachsenen die Kinder außen vor lassen. Tun Sie aber auch bitte wirklich nichts, versuchen Sie nicht, an der Situation etwas zu ändern, indem Sie einen gemeinsamen Urlaub planen oder ähnliche Dinge, die nachweislich in Katastrophen enden.

Matthias Kalle

148.
Was antworte ich
auf die Frage
»Ist es schon trocken?«?

In jedem Fall irgendwas Unflätiges. Seien Sie richtig pampig, so pampig, wie Sie können (aber passen Sie auf, dass Ihr Kind Sie nicht hört, jedenfalls nicht die unflätigen Worte,

WAS ANTWORTE ICH
AUF DIE FRAGE
„IST ES SCHON TROCKEN?"?

denn wenn man Ihnen diese Frage stellt, dann wird Ihr Kind so alt sein, dass es all diese Beschimpfungen mit äußerst großer Freude nachsprechen wird, gern auch mit Quellenangabe).

Die Frage »Ist es schon trocken?« gehört in den Kanon der Übermütter, die ihre Zeit darauf verwenden, über die Leistungen des eigenen und der anderen Kinder Buch zu führen – und die sehr genau registriert haben, dass in der Hose des Kindes, nach dessen Fortschritten sie sich erkundigen, noch eine Windel steckt (anderenfalls würden sie nie fragen). Sollte die Fragestellerin schon etwas älter sein, antworten Sie gern mit einer Gegenfrage: »Sind Sie denn *noch* trocken?«

Man selbst sollte die Frage »Ist es schon trocken?« anständigerweise nie stellen.

Tanja Stelzer

149.
Darf ich
anderer Leute Kinder
miterziehen?

Die Tomaten fliegen tief, das Besteck liegt unter dem Tisch, Schmatzen erfüllt den Raum, am Tisch sitzen Gestalten mit deformierten Wangenpartien. Es ist aber nicht Jabba the Hut, der zu Besuch ist, sondern nur ein Freund meines achtjährigen Sohnes. Der Lärmpegel steigt, die Gelassenheit schwindet, und da sind sie wieder, die drei Fragen: Isst der auch *zu Hause* so? Isst *mein* Kind anderswo eigentlich genauso? Und: Ermahne ich jetzt nur meinen Sohn, das Schmatzen einzustellen, die Bissen so klein zu schneiden, dass er den Mund noch schließen kann, die Hände aus der

Hose zu nehmen undsoweiterundsofort, und stelle mich ansonsten auf den Standpunkt: Ist schließlich nicht mein Kind. Oder mache ich mich jetzt unbeliebt?

Ich glaube an das Gute im Menschen, und ich glaube, dass man sich bei den Freunden seiner Kinder nicht unnötig unbeliebt machen sollte. Ich habe es versucht. Ich habe gar nichts gesagt. Das Schmatzen wurde lauter. Ich habe meinen Sohn ermahnt und gehofft, dass seine Kumpel von alleine darauf kommen, dass auch für sie gelten könnte, was für meinen Sohn gilt. In der Schule nennt man das Transferleistung. Das Schmatzen wurde lauter. Ich habe sie gebeten, ein bisschen ordentlicher zu essen. Das Schmatzen wurde lauter. Ich wurde lauter. Mein Sohn und seine Freunde schauten mich an, als sei ich Fräulein Rottenmeier, die nörgelnde Gouvernante aus *Heidi*.

Ich habe eine Entscheidung getroffen. Ich erziehe die Freunde meines Sohnes nicht. Von mir aus können sie bei sich zu Hause unter dem Tisch essen (obwohl ich sicher bin, dass sie es nicht tun). Aber ich bestehe darauf, dass die Regeln, die bei uns gelten, eingehalten werden. Fräulein Rottenmeier says: Shut up, Jabba.

Tina Hildebrandt

150.
Darf ich
anderen Eltern
Erziehungstipps geben?

Ungefragt nie.

Matthias Kalle und Tanja Stelzer

Am Ende

Das war's. 150 Fragen – dass wir darauf 150 Antworten gefunden haben, verdanken wir jenen Riesen, auf deren Schultern wir stehen, denn nur aus unserer eigenen kleinen Erfahrungswelt hätten wir dieses Buch niemals füllen können. Ehrlich gesagt, wären wir von alleine noch nicht mal auf die Idee für dieses Buch gekommen, und deshalb gilt unser erster Dank einem Mann, der nicht ahnen konnte, was er mit einer simplen Frage ausgelöst hat.

Danke also an Harald Staun, der vor einem Jahr nebenbei erwähnte, dass er gerne jemanden hätte, dem er die wirklich wichtigen Fragen eines Vaters stellen könne. »Irgendeiner müsste mir mal sagen, ob ich auf dem Spielplatz rauchen darf.« Die Herausgeber hoffen, dass er darauf eine Antwort erhalten hat – und vielleicht noch ein paar Antworten mehr.

Danke an unsere Vorgesetzten bei der *ZEIT* und beim *ZEITmagazin*, die in unserer Idee eine Geschichte gesehen haben. Danke an Friederike Schilbach, die in dieser Geschichte ein Buch gesehen hat. Danke an Alexander Weber, der die Entstehung dieses Buches begleitet hat. Und wir danken Lisa Schweizer für die wunderschönen Illustrationen. Dank auch an Rebekka Göpfert von Graf und Graf.

Besonders danken wir den Kolleginnen und Kollegen, die mit uns und für uns die Fragen beantwortet haben. Ohne ihre Erfahrung, ihre Lust am Elternsein und ihre Offenheit wäre dieses Buch nie zustande gekommen.

Wir danken dem Mann und der Frau, die sich dem Wahnsinn, Kinder zu erziehen, gemeinsam mit uns stellen und die sich zusammen mit uns bemühen, Eltern zu sein, die sich gegenüber ihren Kindern zu benehmen wissen. Unser größter Dank aber gilt den wahren Riesen, auf deren Schultern wir stehen:

Carlotta, Anna-Delphine, Antonia, David, Greta, Pia-Sophie, Konrad, Charlotte, Noah, Cornelius, Maren, Anna, Emilia, Lukas, Mascha, Liza, Rebecca, Valja, Emily, Olivia, Philipp, Fedor, Rafael, Lukas, Greta, Hedda, Henri, Insa, Jacob, John, Siri, Jonathan, Julie, Franziska, Kajsa, Lisa, Lotta, Anna, Lukas, Marie, Matteo, Nicolas, Frida, Nina, Joni, Ruth, Nora, Anna, Paul, Salka, Bernhard, Kaya, Charlotte, Susanna, Karlo, Therese und Tonka.

Die Autoren

Marc Brost, Jahrgang 1971, ist verheiratet und Vater eines Sohnes. Der kam im April 2007 in Berlin auf die Welt, sagt »Fleischküchle« statt »Bulette« und isst lieber Spätzle als Currywurst, womit seine Eltern – beide gebürtige Schwaben – einen wesentlichen Teil ihres Erziehungsauftrags bereits erfüllt sehen. Marc Brost kam 1999 zur *ZEIT*, zunächst in die Wirtschaftsredaktion, im Februar 2007 wechselte er als Korrespondent nach Berlin. Seit Februar 2010 leitet er gemeinsam mit Matthias Geis das Hauptstadtbüro der *ZEIT*.

Wolfgang Büscher, geboren 1951, ist Redakteur im *ZEIT-magazin*, verheiratet und Vater einer Tochter (7) und eines Sohnes (5). Außerdem schreibt er Reiseliteratur (sein bekanntestes Buch ist *Berlin–Moskau: Eine Reise zu Fuß*). Wie aber erklärt ein Vater, der mitunter auf Monate in fernen Weltgegenden verschwindet, um Bücher zu schreiben, diese Gewohnheit seinen Kindern? Er schreibt ihnen ein Buch nur für sie. Auf dem Deckel steht »Geschichten von früher, Band I« und darunter »Von Papa«. Die Idee stammt von den Kindern selbst, die ihrerseits die Gewohnheit entwickelten, den Vater am Sonntag nicht ausschlafen zu lassen, woraufhin dieser ihr Unterhaltungsbedürfnis mit ebenjenen Geschichten befriedigte – das alles im komatösen Zustand zwischen Traum und Wachen.

Peter Dausend, zweites von vier Kindern einer Saarbrücker Butterkuchen-Dynastie – sein jüngster Bruder leitet heute die Konditorei seiner Eltern – wünschte sich einst so sehr eine Tochter, dass es gleich zwei auf einen Schlag wurden. Da seine 2006 geborenen Mädchen sich erst langsam dem voll kritikfähigen Alter nähern, genießt er die Zeit, da ihn die Zwillinge für noch stärker halten als Pippi Langstrumpf. Der 1963 geborene Korrespondent aus dem *ZEIT*-Hauptstadtbüro besuchte einst die Axel-Springer-Journalistenschule, arbeitete danach in einer Entwicklungsredaktion des Heinrich-Bauer-Verlages und wechselte 1995 zur *WELT*. Seit April 2008 berichtet Dausend für die *ZEIT* über das politische Geschehen in Berlin.

Christoph Drösser, geboren 1958, ist Vater eines 18-jährigen Sohnes, der gerade Abitur gemacht hat, und betrachtet die Erziehungsfragen dieses Ratgebers daher im Moment vor allem im Konjunktiv II (»Hätte ich damals …?«). Der studierte Mathematiker ist seit zwölf Jahren Redakteur im »Wissen«-Ressort der *ZEIT*, schreibt dort die Kolumne »Stimmt's?« und veröffentlichte zahlreiche Bücher, darunter auch zwei für Kinder: *Stimmt's? Freche Fragen, Lügen und Legenden für clevere Kids* und *Wie groß ist unendlich? Knobelgeschichten und Denkspiele aus dem Zahlenuniversum*.

Susanne Gaschke, Jahrgang 1967, steht für das konsequent verfolgte Prinzip Provinz in Zeiten der Globalisierung: Sie wurde in Kiel geboren, wuchs dort auf, ging dort zur Schule, studierte an der Kieler Universität und wurde dort 1993 mit einer Arbeit über die »Ästhetischen Wirkungsbedingungen von Kinderliteratur« promoviert. Sie lebt mit ihrem Mann und ihrer Tochter immer noch in Kiel, arbeitet aber seit 1997 als Redakteurin bei der *ZEIT* in Hamburg. Mit

Bildungs-, Erziehungs- und Familienthemen hat sie sich immer wieder befasst, unter anderem in ihren Büchern *Die Erziehungskatastrophe* (2001) und *Die Emanzipationsfalle* (2005).

Ulrich Greiner, Jahrgang 1945 und seit 1980 im Feuilleton der *ZEIT*, ist ein spätberufener Vater. Er war schon über 40, als das erste Kind kam. Dass es ein Mädchen wurde, freute ihn besonders, und als wenig später ein zweites kam, war er vollends glücklich. Inzwischen sind die beiden ziemlich erwachsen, und er kann sich wieder dem Schreiben von Büchern widmen, von denen der *Lyrikverführer* (2009) das letzte war.

Jana Hensel ist die große Schwester einer kleinen, beide sind in Leipzig aufgewachsen und Scheidungskinder. 2008 veröffentlichte sie gemeinsam mit Elisabeth Raether den autobiografischen Essayband *Neue deutsche Mädchen*, der ihr von Alice Schwarzer den Vorwurf des »Wellness-Feminismus« einbrachte und von Angela Merkel eine Einladung zum Gespräch ins Kanzleramt. 2010 erhielt sie für ihre Bilanz der neuen Väter *(Vater Morgana)* den Theodor-Wolff-Preis. Die 34-Jährige lebt als freie Autorin und Journalistin in Berlin. Sie hat einen dreijährigen Sohn.

Tina Hildebrandt wurde 1970 in Nürnberg geboren, ging in Horrem und Kerpen zur Schule, studierte Politologie, Geschichte und Germanistik in Bonn, volontierte in Halle/ Saale, war danach kurz Korrespondentin beim *Kölner Express*, wechselte 1997 zum *Spiegel* ins Hauptstadtbüro, zog 1999 nach Berlin, wechselte 2004 zur *ZEIT*, wollte nicht Politikredakteurin werden, wollte nie heiraten und Kinder kriegen und ist insofern fast auf ganzer Linie glücklich ge-

scheitert: Der Sohn ist acht Jahre, die Tochter anderthalb –
immerhin ist Tina Hildebrandt unverheiratet, allerdings seit
19 Jahren mit demselben Mann.

Matthias Kalle, geboren 1975 im ostwestfälischen Minden.
Einzelkind, Scheidungskind, trotzdem Abitur und Studium
der Journalistik und der Kulturwissenschaften in Leipzig,
allerdings abgebrochen, um 1998 als Redakteur zum *jetzt-
Magazin* nach München zu gehen. Danach beim *Tagesspiegel* und Mitentwickler von *Neon*. Von 2003 bis 2008
Chefredakteur des Hauptstadtmagazins *zitty*. Seit 2009 Berater des *ZEITmagazins* und Kolumnist für *Neon* und
Tagesspiegel. Für seine Reportagen gewann er den Axel-
Springer-Preis. 2003 erschien sein Buch *Verzichten auf* bei
Kiepenheuer & Witsch. Lebt in Berlin. Hat eine Frau. Und
eine Tochter, die 2007 geboren wurde. Während der Arbeit
an diesem Buch dachte sie, ihr Vater schreibe an der Fortsetzung des Kinderbuchklassikers *Riese Rick macht sich schick*.

Peter Kümmel, geboren 1959 in Stuttgart, hat in Konstanz,
Dublin und Heidelberg Germanistik und Anglistik studiert.
Ist seit dem Jahr 2000 Feuilletonredakteur bei der *ZEIT* in
Hamburg. Hat vier Kinder, die 1997, 1998, 2000 und 2004
geboren wurden und ihm, jedes für sich, die entscheidenden
Dinge beibringen, die er sonst nie gelernt hätte (Skifahren,
Handball, Fußball, Baumkronenklettern, Philosophie).

Jörg Lau ist in seiner eigenen Familie eine kleine radikale
Minderheit. Mit seiner Frau Mariam Lau, die auch für die
ZEIT arbeitet, hat er es zu drei Töchtern gebracht. In seinem Buch *Bekenntnisse eines schwer erziehbaren Vaters*
verrät er die tollsten Kniffe der drei, denen es immer wieder
gelingt, Mutter und Vater nach ihrem Bilde zu formen. Be-

vor er außenpolitischer Korrespondent der *ZEIT* in Berlin wurde, schrieb er seit 1997 fürs Feuilleton der *ZEIT* aus der Hauptstadt. Seine Journalistenschule war die *taz*, für die er von 1993 bis 1996 als Literaturredakteur arbeitete.

Wolfgang Lechner, Jahrgang 1953, stammt aus Österreich, hat Literaturwissenschaft studiert und wurde dann doch Redakteur bei der Zeitschrift *Eltern* in München. In dieser Zeit wurden seine erste Tochter und sein erster Sohn geboren (1978 und 1982). Als ihr Vater Chefredakteur der katholischen Jugendzeitschrift *Junge Zeit* in Augsburg wurde, kam 1985 die zweite Tochter zur Welt und 1989 der zweite Sohn, kurz vor dem Umzug nach Hamburg. 21 Jahre lang war Lechner Redakteur beim *ZEITmagazin* und im Ressort »Leben« und vor allem zuständig für die Rätselseiten und für alles Kulinarische. Derzeit verantwortet er die Seite »Die *ZEIT* der Leser«.

Ursula März, geboren 1957, studierte nach einem Zeitungsvolontariat Germanistik und Philosophie, lebt in Berlin und arbeitet als Autorin für *ZEIT* und ARD, erhielt 2004 den Berliner Preis für Literaturkritik, verfasste mit drei Kolleginnen das Buch *Leidenschaften: 99 Autorinnen der Weltliteratur* (2009). Ist Mutter einer Tochter, die 1996 geboren wurde.

Iris Mainka, Jahrgang 1959, studierte nach dem Abitur in Minden/Westfalen ein paar Semester Musikwissenschaft und Germanistik in Hamburg, besuchte dann die Deutsche Journalistenschule in München und studierte dort Politik, Kommunikationswissenschaft und Soziologie. 1985 ging sie zurück nach Hamburg, wurde Politikredakteurin beim *Deutschen Allgemeinen Sonntagsblatt*, bekam 1987 einen

Sohn, 1989 dann Zwillingstöchter. 1991 wechselte sie zur *ZEIT*, machte dort Nachtschichten als Vertretung des Chefs vom Dienst und schrieb vor allem für das Ressort »Modernes Leben« – natürlich auch über Erziehungsfragen, was Journalisten gern tun, um Kinder und Beruf miteinander zu verbinden. Seit 2005 ist sie Chefin vom Dienst und muss sich inzwischen um die Vereinbarkeit nicht mehr sorgen: Ihre drei Kinder sind aus dem Haus.

Harald Martenstein, geboren 1953 und Vater eines 18-jährigen Sohnes, schreibt eine wöchentliche Kolumne für das *ZEITmagazin* und ist Redakteur beim Berliner *Tagesspiegel*. Martensteins zweiter Roman *Gefühlte Nähe* ist 2010 erschienen, über sein Leben als Vater erzählt er in seinem Kolumnenband *Wachsen Ananas auf Bäumen?*.

Anna von Münchhausen, Jahrgang 1953, selbst Schlusslicht einer neunköpfigen, unübersichtlichen Schar von Halb- und Stiefgeschwistern, hat es mit ihrem Mann nur zu zwei Kindern gebracht (was diese beiden 1985 und 1988 geborenen mit dem Etikett »unfassbar spießig« versehen). Über den Alltag berufstätiger Mütter verfasste sie ein Buch *(Eine Stunde für mich allein)*. Die Textchefin der *ZEIT* floh einst nach dem Studienabschluss für das höhere Lehramt vor dem Schuldienst, besuchte die Henri-Nannen-Journalistenschule und arbeitete in vier verschiedenen Ressorts als Redakteurin in der *ZEIT* und in der *Frankfurter Allgemeinen Sonntagszeitung*.

Ilka Piepgras, Jahrgang 1964, arbeitet als Redakteurin beim *ZEITmagazin* und ist Mutter von siebenjährigen Zwillingen. Sie lebt mit ihrer Familie, die regelmäßig von vier weiteren Kindern ihres Mannes verstärkt wird, in Berlin. In ihrem Buch *Meine Freundin, die Nonne* schreibt sie über ihre Jugendfreundin, die sich für ein ganz anderes Lebensmodell entschied und in ein Kloster ging.

Tillmann Prüfer, Jahrgang 1974, ist Redakteur beim *ZEITmagazin* und verantwortlich für Stil-Fragen. Er lebt mit seiner Familie in Berlin und ist Vater von drei Töchtern, die 1999, 2005 und 2007 geboren wurden. Zusammen mit seinem jüngeren Bruder Benjamin schrieb er das Buch *Mein Bruder: Idol – Rivale – Verbündeter.*

Iris Radisch, geboren 1959 in Berlin. Studium der Germanistik, Romanistik und Philosophie. Seit 1990 Literaturredakteurin der *ZEIT*, drei Töchter, geboren 1995, 1997 und 2001. Sie schrieb unter anderem *Die Schule der Frauen.* Sie gehörte zur Jury des Ingeborg-Bachmann-Preises und war Mitglied des »Literarischen Quartetts«. 2007 wurde ihr der französische Orden Chevalier des Arts et Lettres verliehen. Heute moderiert sie im Schweizer Fernsehen den *Literaturclub.*

Jürgen von Rutenberg, geboren 1964 in der Nähe von Boston, überquerte mit nicht mal drei Jahren den Atlantik (an Bord eines riesigen Dampfers), landete kurz darauf am Stadtrand von Wolfsburg, erlebte dort eine im Nachhinein erstaunlich schöne Kindheit, studierte in Hamburg und erlernte das journalistische Handwerk an der Henri-Nannen-Schule. Einem früh erklärten Kindheitswunsch folgend (»I want to go home!«), flog er mehrmals zurück nach Amerika, lebte ab 1993 in New York, wo er als freier Autor unter anderem fürs *ZEITmagazin* schrieb. Seit 2001 Redakteur bei der *ZEIT* in Berlin, zunächst im Ressort »Leben«, dann im neu gegründeten *ZEITmagazin*. Eine Tochter (geboren 2006) und ein Sohn (geboren 2008) erinnern ihn täglich an versunkene Details der eigenen Frühentwicklung.

Patrik Schwarz, geboren 1970, durchlief eine bürgerlich-antiautoritäre Erziehung, was nur einen Widerspruch finden kann, wer nie einen Kinderladen in einem westdeutschen Unistädtchen der siebziger Jahre erlebt hat. Als ehemaliger *taz*- und heutiger *ZEIT*-Redakteur sind ihm beide Impulse, der bürgerliche und der antiautoritäre, auch beruflich vertraut. Angesichts von zwei Töchtern im Kindergartenalter fragt er sich manchmal, warum wir Väter und Mütter von heute zwar gerne *Pippi Langstrumpf* vorlesen, unsere Kinder aber oft lieber zu Tommys und Annikas erziehen wollen.

Jana Simon wurde 1972 in Potsdam geboren. Sie studierte Osteuropawissenschaften, Politologie und Publizistik in Berlin und London. Von 1998 bis 2004 war sie Reporterin beim *Tagesspiegel* in Berlin. Für ihre Reportagen erhielt sie den Axel-Springer-, den Theodor-Wolff- und den Transatlantischen Journalisten-Preis. 2002 erschien ihr Buch *Denn wir sind anders: Die Geschichte des Felix S.* bei Rowohlt/Berlin und 2004 der Reportageband *Alltägliche Abgründe*. Seit 2004 ist Jana Simon Autorin bei der *ZEIT* in Berlin. Ihre Tochter wurde 2008 geboren.

Tanja Stelzer, geboren 1970 in Kronberg/Taunus. Während des Politikstudiums in Frankfurt am Main und Paris freie Mitarbeiterin bei der *FAZ*. Nach dem Besuch der Deutschen Journalistenschule in München schrieb sie für das Magazin der *Süddeutschen Zeitung*. Von 1999 an erst Seite-Drei-Redakteurin, dann Autorin des *Tagesspiegels* in Berlin. 2007 ging sie zur *ZEIT*, wo sie heute Textchefin des *ZEITmagazins* ist. 2005 erschien bei Kiepenheuer ihre Kolumnensammlung *Meine kleine Familie*, in der ihr damals noch sehr kleiner Sohn die Hauptrolle spielt. Der Sohn hat inzwischen eine kleine Schwester und außerdem natürlich einen Vater und kann lesen. Während der Arbeit an diesem Buch wunderte er sich, was die Mutter da schrieb: »Hä, wer fragt denn so komische Sachen?«

Henning Sußebach, 1972 in Bochum geboren als kleiner Bruder einer großen Schwester – eine Konstellation, die sich eine Generation später in seiner Familie wiederholt hat: 2000 kam seine Tochter zur Welt, 2005 sein Sohn. Stetige Selbstbefragungen, vergleichende Zwiegespräche zwischen Ex-Sohn und Jetzt-Papa bleiben da nicht aus. Froh ist er bis heute, dass er (für einen Akadamiker jedenfalls) recht früh Vater wurde – und traurig, dass es zu früh war für Erziehungszeit und Elterngeld. Unter anderem deshalb arbeitet er zwischen Frühstück und Abendessen als Redakteur der *ZEIT*, und das seit 2001.

Tobias Timm, 1975 in München geboren, wuchs mit zwei sehr starken Schwestern auf. Er hat in Berlin und New York Stadtethnologie, Geschichte und Kulturwissenschaften studiert und schreibt für das Feuilleton der *ZEIT* über Kunst, Kunstmarkt und Architektur. Bevor er 2006 zur *ZEIT* kam, arbeitete er als freier Journalist für das Feuilleton und die Wochenendbeilage der *Süddeutschen Zeitung*. Seinem Sohn, Jahrgang 2008, versucht er derzeit auszureden, mit Stöcken auf andere loszugehen.

Heinrich Wefing, Jahrgang 1965, ist rechtspolitischer Kommentator der *ZEIT* und Vater von zwei Kindern, neun und sieben Jahre alt. Daher beschäftigt ihn die Frage, was denn eigentlich gerecht ist, im Grunde ununterbrochen –

am Schreibtisch in der Redaktion genauso wie zu Hause. Mal muss er klären, wer zuerst ins Bett geht (»Aber das ist ungerecht!«), mal muss er erklären und bewerten, was das Bundesverfassungsgericht gerade mit seinem neuesten Spruch gemeint hat. Aber es gibt natürlich einen enormen Unterschied: Sein Sohn und seine Tochter wollen keine Kommentare von Papa hören, sie wollen Urteile. Allerdings nur solche, die zu ihren Gunsten ausfallen.

Register